U1076286

经管类精品教材

行政管理学

XINGZHENG GUANLIXUE

谷隶栗 编著

知识产权出版社
全国百佳图书出版单位
—北京—

图书在版编目（CIP）数据

行政管理学/谷隶栗编著. —北京：知识产权出版社，2022.1
ISBN 978-7-5130-7941-9

Ⅰ.①行…　Ⅱ.①谷…　Ⅲ.①行政管理—管理学　Ⅳ.①D035

中国版本图书馆 CIP 数据核字（2021）第 248761 号

内容提要

本书共有八章，分别就行政管理学的研究对象、内容和特点，行政环境，行政职能，行政组织，人事行政，行政领导，行政决策，行政执行等内容进行了讲解和阐述。这些内容对于行政管理专业的学习者而言是需要了解的基本内容，也有助于学习者了解行政管理的重要地位和作用。

责任编辑：张水华　　**责任校对**：谷　洋
封面设计：智兴设计室·段维东　　**责任印制**：孙婷婷

行政管理学

谷隶栗　编著

出版发行：知识产权出版社有限责任公司　　**网　　址**：http://www.ipph.cn
社　　址：北京市海淀区气象路 50 号院　　**邮　　编**：100081
责编电话：010-82000860 转 8389　　**责编邮箱**：46816202@qq.com
发行电话：010-82000860 转 8101/8102　　**发行传真**：010-82000893/82005070/82000270
印　　刷：北京虎彩文化传播有限公司　　**经　　销**：各大网上书店、新华书店及相关专业书店
开　　本：720mm×1000mm　1/16　　**印　　张**：11.25
版　　次：2022 年 1 月第 1 版　　**印　　次**：2022 年 1 月第 1 次印刷
字　　数：180 千字　　**定　　价**：59.00 元
ISBN 978-7-5130-7941-9

前　言

自改革开放以来，我国的国家制度和国家治理体系一直走在自我改革的路上，一直在探索适合经济、社会发展需要的国家制度和国家治理体系，一直在努力让我们的国家制度和国家治理体系能够更好地为经济发展服务，为社会发展服务，为人民实现美好生活服务，为解决人民最关心的问题服务。

党的十八届三中全会公报首次提出“推进国家治理体系和治理能力现代化”，而国家治理体系和治理能力现代化建设的基础是人才的培养，尤其是管理人才的培养。大学正是培养人才而且是培养高水平人才的地方，大学生是未来国家建设的生力军，让大学生了解政府运作的基本原理、政府职能、组织机构的设置等行政管理的基本内容，能够为培养未来的国家治理人才打下良好的专业基础。因此，一本好的教材将是最好的老师，这也是笔者编写本书的初衷。

笔者阅读了多部行政管理学方面的教材、论著，受益匪浅的同时也发现每一部教材和论著都有自己的亮点，在不同内容的写作方面显示出了与其他著述不同的系统性、全面性和科学性，这为笔者编写本书提供了丰富的参考文献。即便如此，限于笔者的能力和精力，本书还有很多不足之处，笔者将在以后的研究和教学中逐渐完善。

在此，笔者对相关著作、论文、教材以及参考文献的作者、编者表示最由衷的感谢！

谷隶栗

2020 年 12 月 18 日

目　录

第一章
导　论

本章将对行政管理学的基本问题进行简要介绍，以便各位读者对行政管理学这门学科形成总体印象。

第一节　行政管理学的研究对象、内容和特点

一、行政的内涵

学习行政管理学，搞清楚什么是行政是首要问题。我国古籍中早有关于“行政”的记载。据考证，被称为“春秋三传”之一的《左传》中就有“行其政事”“行其政令”的记载，其意思是说对国家政务的管理。而“行政”一词的最早记载则是在司马迁所著的《史记·周本纪》中，其原文为“召公、周公二相行政，号曰‘共和’”。此处的“行政”意指对整个国家的管理。[1]

在现代，“行政”一词的使用较为广泛，不仅出现在与政府的行政机关、事业单位相关的表述中，还会出现在企业当中，例如，很多企业会设有行政部、行政综合部等部门，企业中的这些部门尽管也使用“行政”一词，但与本章所讲的行政内涵不同。企业中的行政部门也是对相关事务进行管理，但

[1] 参见韩莹莹、胡晓东主编：《行政管理学》，华中科技大学出版社，2013年版，第1页。

只是管理本企业相关事务，不是管理国家、社会事务。

因此，虽然现代对“行政”一词的使用不限于对国家事务、社会事务的管理，但本章所讲的行政是指“国家权力机关的执行机关行使国家权力，具体执行国家意志，依法管理国家事务、社会事务和机关内部事务的组织活动”❶。

由以上行政的内涵可以看出，行政的主体是掌握公共权力、承担公共管理职能的行政机关和具有行政管理职能的公共组织，不是私营组织；管理的事务是国家、社会以及机关内部事务，❷ 可以说，行政所管理的事务事关国家和社会，影响的通常是其主体所辖范围内的不特定群体，因此，往往会影响很多个体的切身利益。而其中对机关内部事务的管理可以理解成为了保证行政的主体对国家事务和社会事务的管理正常进行所开展的内部管理活动，所以即便是此处的机关内部事务依然与国家、社会相关，最终影响的依然是国家事务和社会事务。对前述三项事务进行管理需要遵照相应的规则，在依法行政作为现代行政管理根本特征的前提下，对前述三项事务进行管理应当遵照的规则自然就是宪法和法律。首先，要做到的是有法可依。行政以公共行政权力为基本依据，以维护和实现公共利益为权力行使的根本目标。❸ 这也是人民愿意让渡出部分权利从而让行政的主体具备行使权力依据的最主要原因。其次，公共行政权力作为一种公共权力必须具有合法性才能够服众，因此，其获得和运用也必须符合宪法和法律的规定。最后，强制性也是公共行政权力的应有之意，因为公共利益的实现通常会造成私人利益的损失，❹ 这种损失在保证公共权力行使正当性的前提下，如果缺乏强制性，则可能无法实现对公共利益的有力维护。

---

❶ 参见韩莹莹、胡晓东主编：《行政管理学》，华中科技大学出版社，2013 年版，第 4 页。
❷ 参见韩莹莹、胡晓东主编：《行政管理学》，华中科技大学出版社，2013 年版，第 4 页。
❸ 参见韩莹莹、胡晓东主编：《行政管理学》，华中科技大学出版社，2013 年版，第 4 页。
❹ 参见韩莹莹、胡晓东主编：《行政管理学》，华中科技大学出版社，2013 年版，第 4–5 页。

二、行政管理学

（一）内涵

行政管理学作为一门成熟的学科，其内涵也被很多学者进行过界定，但是本章所讲的行政管理学的内涵与前文中的行政的内涵一脉相承，即行政管理学是一门研究国家权力机关的执行机关及其人员从事国家事务、社会事务和机关内部事务管理过程中具有规律性的原理、原则、方法和技术的科学。[1]

（二）研究对象、内容和特点

“科学研究的区分，就是根据科学对象所具有的特殊的矛盾性。因此，对于某一现象的领域所特有的某一种矛盾的研究，就构成某一门科学的对象。”[2]由此可见，不同学科之间的最根本区别就是研究对象的不同。因此，根据行政和行政管理学的内涵可以总结出，行政管理学的研究对象就是行政管理活动。[3]

因为研究对象决定了研究内容，所以行政管理学的研究内容其实就是行政管理学的研究对象在各个环节上的展开，[4] 即行政管理活动的各个环节就是行政管理学的研究内容。不同学者对行政管理学的研究内容，即行政管理活动的各个环节（也即行政管理的各要素）作出了不同的概括。例如，美国学者怀特于1926年在其著作中提出组织原理、人事行政、财务行政、行政法规是行政管理学的基本内容；古立克于1937年提出了计划、组织、人事、领导、协调、报告、预算七个环节；[5] 我国台湾地区学者张金鉴在其著作《行政

---

[1] 参见郭小聪主编：《行政管理学》，中国人民大学出版社，2012年版，第7页；韩莹莹、胡晓东主编：《行政管理学》，华中科技大学出版社，2013年版，第5页。

[2] 参见《毛泽东选集》（第一卷），人民出版社，1991年版，第309页。转引自韩莹莹、胡晓东主编：《行政管理学》，华中科技大学出版社，2013年版，第5页。

[3] 参见韩莹莹、胡晓东主编：《行政管理学》，华中科技大学出版社，2013年版，第5页。

[4] 参见曹现强、王佃利主编：《行政管理学》，清华大学出版社，2011年版，第13页。

[5] 参见曹现强、王佃利主编：《行政管理学》，清华大学出版社，2011年版，第13页。

学典范》中提出，行政管理学的主要研究内容应当是行政管理的最基本要素，[1] 并于 1966 年就提出了“15M”的概括。[2] 尽管学者们的观点各有不同，但是可以看出，学者对于行政管理学研究内容的表述随着时代的变化在不断扩展并且细化，也就是说是实践决定了行政管理学的研究内容。也可以推断，今后，行政管理学的研究内容依然会因为实践的变化而与时俱进。

由于行政管理活动涉及的是国家事务、社会事务和机关内部事务，故而，对其进行研究的行政管理学不可避免地具有政治性，“必须体现和维护统治阶级的意志和利益”，同时，国家权力机关的执行机关还要对社会事务进行管理，所以行政管理学还具有社会性。因此，行政管理学具有政治性和社会性相统一的特点。[3]

行政管理学作为一门独立的学科，其具有基本的原理、原则、研究方法等，具有很强的理论性；同时，理论来源于实践，又被用来指导实践，还具有很强的实践性。因此，行政管理学具有理论性和实践性相统一的特点。[4]

要保证对国家事务、社会事务和机关内部事务的管理能够正常进行，只有管理学知识和技巧是远远不够的，这点通过每年国家公务员招聘简章中对不同职位的专业要求就可以推断。胜任不同岗位的工作需要具备不同的专业背景，定然是在对前述三类事务的管理实践中需要不同领域的专业知识。因此，研究行政管理活动的行政管理学其实是一门综合性学科，需要运用管理学、社会学、心理学、法学、经济学等多学科的理论和方法；同时，行政管理学又拥有自己独立的研究对象、研究范畴、理论体系，有明显的独立性。因此，行政管理学具有综合性和独立性相统一的特点。[5]

行政管理学的发展性特点十分显著。[6] 行政管理学的诞生和发展是基于实践的需求和变化，随着实践的发展，源于实践的理论自然会不断接受检验、

---

[1] 参见曹现强、王佃利主编：《行政管理学》，清华大学出版社，2011 年版，第 13 页。

[2] 参见张金鉴：《行政学典范》，台湾行政学会印行，1971 年版，第 9-10 页。转引自郑志龙主编：《行政管理学》，高等教育出版社，2011 年版，第 4-5 页。

[3] 参见韩莹莹、胡晓东主编：《行政管理学》，华中科技大学出版社，2013 年版，第 6 页。

[4] 参见韩莹莹、胡晓东主编：《行政管理学》，华中科技大学出版社，2013 年版，第 6 页。

[5] 参见韩莹莹、胡晓东主编：《行政管理学》，华中科技大学出版社，2013 年版，第 6 页。

[6] 参见曹现强、王佃利主编：《行政管理学》，清华大学出版社，2011 年版，第 15 页。

发展，并逐渐完善。尤其是在经济、社会发展速度加快的当代，行政的主体面对的国家事务和社会事务越来越多，甚至越来越复杂多变，有的事务虽然有过去的经验可以参考，但是毕竟今时不同往日，完全照搬过去的经验，或许并不能解决问题，而且还会产生更多的问题。例如，2020 年年初，中国发生了新中国成立以来最严重的一次疫情，新型冠状病毒（以下简称“新冠病毒”）的传染性被证实后，普通民众还是不会想到最后要靠对武汉采取封城措施才能让新冠病毒的扩散趋势得以遏制。此外，全国各地的民众也都遵照要求，在春节期间不串门、不聚集、居家隔离，4 万多名医护人员驰援武汉，各行各业都在为武汉战胜疫情作出各自的努力，这才使得中国的抗“疫”行动打出了全世界独一无二的、最漂亮的成绩。

但是因为新冠病毒的狡猾，疫苗尚未普及，国外疫情依然严峻，到 2020 年 10 月，中国国内的疫情防控依然保持常态化。即便如此，还是会有个别城市发生疫情，包括 2020 年 6 月北京新发地发生疫情、2020 年 7 月乌鲁木齐发生疫情、2020 年 10 月青岛发生疫情。尽管中国在抗“疫”方面的成绩十分漂亮，但仍不得松懈。可是经济要恢复，群众要生活，学生要上学……在疫情依然没有结束迹象的时候，要尽全力保证社会各方面都能正常运转，在中国共产党的坚强领导下，中国政府付出了巨大努力，群众也尽全力配合政府的各项管控措施，哪怕牺牲一点个人自由，绝大多数群众也都十分理解。

更重要的是疫情期间的管理措施与以往不同，例如，在北京新发地疫情发生后，在锁定应接受核酸检测的人群方面，大数据的功能优势尽显；另外，自 2020 年年初疫情发生以来，在北京进入商场、超市、公园等公共场所时，民众都需要出示健康码，这也是只有在智能手机和移动网络普及的情况下才能使用的管控方式。在疫情期间还出现了很多与疫情防控措施有关的问题，在此不作一一阐述。

在这种特殊情况下，尤其是长期特殊的情况下，如何保证国家事务、社会事务能够正常进行，或者说尽可能地正常进行，是摆在行政管理研究者面前的重要课题。这就需要研究者和实践者共同努力，寻求解决之道。

第二节　学习行政管理学的意义和方法

一、学习行政管理学的意义

（一）学习和研究行政管理学有利于理解和掌握行政管理的规律，有利于发现和克服当前行政管理中的弊端，推动行政改革的进行[1]

行政管理活动虽然不直接创造经济价值，但是行政管理活动为经济价值的创造提供服务和支撑，是一个国家软实力的综合体现。以前，常有网友反映去哪个政府部门办事遇到了什么问题，结果折腾好几次还是没能解决，不仅影响工作和生活，还非常影响心情。而这一现象已经在政府的努力下大有改观。

2016年年底，浙江率先开始了“最多跑一次”的改革。中央党校电子政务研究中心发布的《省级政府网上政务服务能力调查评估报告（2018）》显示，在2017年度省级政府网上政务服务能力总体排名中，浙江省居于榜首，在服务方式完备度排名中，浙江省依然居于榜首。[2] 2018年8月3日，国务院办公厅通报了部分地方优化营商环境典型做法，浙江省入选9项，成为入选典型数量最多的省份。[3] 也是在2018年，中共中央办公厅、国务院办公厅印发的《关于深入推进审批服务便民化的指导意见》向全国全面推广“浙江省‘最多跑一次’经验做法”。[4]

---

[1] 参见曹现强、王佃利主编：《行政管理学》，清华大学出版社，2011年版，第16页。

[2] 参见浙江政务服务网，http://www.zjzwfw.gov.cn/art/2018/12/28/art_1299557_28646313.html，2020年10月12日访问；国家行政学院电子政务研究中心：《省级政府网上政务服务能力调查评估报告（2018）》，2018年4月，第14-15页。第十四届中国电子政务论坛，http://cegf.egovernment.gov.cn/art/2019/6/23/art_1852_5963.html，2020年10月12日访问。

[3] 参见浙江政务服务网，http://www.zjzwfw.gov.cn/art/2018/12/28/art_1299557_28646313.html，2020年10月12日访问。

[4] 参见《人民日报：将“最多跑一次”改革向纵深推进》，人民网，http://opinion.people.com.cn/n1/2018/0709/c1003-30133577.html，2020年10月12日访问。

行政管理的每一次改革、每一个进步都离不开对实践的研究和反思，离不开对规律的理解、掌握和运用。

（二）学习和研究行政管理学有利于培养和造就高素质的公务人员❶

行政的主体要对国家事务、社会事务和机关内部事务进行管理，但终究是要靠人来完成各项管理工作，靠人来完成各项管理工作的各个环节，因此公务人员的素质会对一个国家行政管理水平的高低产生直接影响。公务人员的专业技能、知识结构、管理理论和方法、实践经验和技巧等都会直接影响其个人的工作能力和服务水平，进而影响整个部门的服务水平和在群众心目中的形象。而通过行政管理学的研究和学习可以普及行政管理的一般知识和方法，提升公务人员的基本素质。❷ 此外，在具备服务能力的前提下，服务意识就是决定公务人员服务水平的关键。因此，在公务人员素养培训中，服务意识的培养同样不可或缺。

（三）学习和研究行政管理学有利于快速了解世界各国行政管理学的研究成果和实践经验❸

对于绝大多数人而言，学习知识的最便捷途径不是通过本人实践获取直接经验，而是通过学习他人的研究成果和实践经验获取间接经验，对于行政管理学的学习和研究也是快速获取他人的研究成果和实践经验的便捷途径，是为自己的研究打好基础的最常用方式。同时也要注意，尽管“他山之石，可以攻玉”，但是借鉴和照搬是两回事，毕竟不同国情、不同制度、不同文化基础等因素造就了不同的政治制度、管理风格等，因此，吸收和借鉴世界各国的研究成果和实践经验时，考虑其在中国的适应性问题是应有之义。

---

❶ 参见曹现强、王佃利主编:《行政管理学》，清华大学出版社，2011 年版，第 16 页。
❷ 参见曹现强、王佃利主编:《行政管理学》，清华大学出版社，2011 年版，第 17 页。
❸ 参见曹现强、王佃利主编:《行政管理学》，清华大学出版社，2011 年版，第 17 页。

二、学习和研究行政管理学的方法

相对于学习知识和技能等成果而言，学习方法更重要，“授人以鱼不如授人以渔”，这里的“渔”可以理解为方法，“鱼”可以理解为成果。行政管理学常用的学习和研究方法主要有以下几种。

（一）哲学研究方法

哲学研究方法，是指运用逻辑思维，对行政管理现象进行归纳、演绎推理，从而抽象出行政管理规律的方法。这一方法要求学习者和研究者要懂得透过现象看本质，通过千变万化的现象抓住事物的本质，才能做到理论联系实践，才能用从实践中抽象出来的理论去指导实践，在实践中接受检验并加以完善。[1]

（二）历史的方法

历史的方法，是指从行政管理实践的历史演进和行政管理理论的历史演进中进行学习和研究的方法。[2] 唐太宗李世民曾说“以史为镜，可以知兴替”，学习行政管理学的发展史和行政管理实践的历史会有同样的效果，不仅可以掌握现在的行政理论的缘起和现状，还可以预测其未来；不仅可以知悉行政管理实践的过去和现在，还可以推测其未来走向和趋势，以便提前做好应对。

（三）比较的方法

比较的方法是指通过对不同对象的比较，找出其共性和个性，发现异同，权衡优劣。比较的对象既可以是行政管理理论，也可以是行政管理实践；既可以是基于空间的横向比较，也可以是基于时间的纵向比较。比较的对象必

---

[1] 参见曹现强、王佃利主编：《行政管理学》，清华大学出版社，2011 年版，第 17-18 页；郭小聪主编：《行政管理学》，中国人民大学出版社，2012 年版，第 21 页。

[2] 参见郭小聪主编：《行政管理学》，中国人民大学出版社，2012 年版，第 20-21 页。

须是同类，也就是说，在运用比较方法时，要注意比较对象的可比性问题。[1]

（四）调查的方法

行政管理学是一门实践性非常强的学科，在实践中发现问题并解决问题，是行政管理学发展必经的过程。很多新问题、新现象也正是通过调查被发现并最后得以解决和妥善处理的。调查的方法有很多，常用的有实地考察、抽样调查、民意测验、电话访谈等。[2]

（五）个案研究法

个案研究法是指运用案例时，首先要客观、全面、真实地描述已经发生的典型而真实的行政事件，然后从具体案例中抽象出具有普遍性的原理，在把个案一般化的过程中，探索行政管理活动的规律和治事规范。通过对真实事件的分析和探讨，在加深对行政管理相关知识、理论、技巧、方法等的印象的同时，通过思考和争论，提高学习者和研究者分析问题和解决问题的能力。[3]

---

[1] 参见曹现强、王佃利主编：《行政管理学》，清华大学出版社，2011年版，第18页；郭小聪主编：《行政管理学》，中国人民大学出版社，2012年版，第21页。

[2] 参见曹现强、王佃利主编：《行政管理学》，清华大学出版社，2011年版，第18页；郭小聪主编：《行政管理学》，中国人民大学出版社，2012年版，第21页。

[3] 参见曹现强、王佃利主编：《行政管理学》，清华大学出版社，2011年版，第18-19页；郭小聪主编：《行政管理学》，中国人民大学出版社，2012年版，第22页。

第二章 行政环境

第一节　行政环境问题的提出和意义

一、行政环境问题的提出

孟德斯鸠曾说："居住在山地的人坚决主张要平民政治，平原上的人则要求由一些上层人物领导的政体，近海的人则希望一种由二者混合的政体。"[1]这说明，地理环境对于行政管理模式会产生一定程度的影响。[2] 马克思也指出"随着经济基础的变更，全部庞大的上层建筑也或慢或快地发生变革"。[3] 作为上层建筑一部分的行政管理活动，其开展总是在一定的环境中进行的，行政管理活动只有在适应行政系统内外部环境的情况下才能得以顺利开展。另外，行政管理对于行政环境的适应虽然重要，但并不是被动地适应行政环境的需要，而是对行政环境具有反作用，行政管理活动能够改造行政环境，从而使二者相互适应。行政管理学通过借鉴生态学的相关概念和原理逐步建立

---

[1] 参见孟德斯鸠：《论法的精神》，张雁深译，商务印书馆 1961 年版，第 280 页。转引自郑志龙主编：《行政管理学》，高等教育出版社，2011 年版，第 52 页。

[2] 参见郑志龙主编：《行政管理学》，高等教育出版社，2011 年版，第 52 页。

[3] 参见《马克思恩格斯选集》第 2 卷，人民出版社，1995 年版，第 83 页。转引自郑志龙主编：《行政管理学》，高等教育出版社，2011 年版，第 52 页。

了行政环境理论。[1] 1936 年，美国哈佛大学教授高斯指出行政环境和行政管理之间存在密切关系。1947 年，高斯教授在其著作中再次强调外部环境对行政管理的作用，同时把“生态学”一词正式引入行政管理学领域。从行政生态学的产生背景来看，“二战”后国际政治格局的变化是其产生的现实基础。“二战”后，随着殖民体系的瓦解，新兴民族独立国家在亚非拉大量涌现，西方国家对这些新兴民族独立国家不仅开展经济援助，还同时开展了政治“援助”，帮助这些国家建立西方式的行政制度。而引起西方学者思考的是在西方行之有效的制度在这些国家收效甚微，甚至无效。1961 年，美国夏威夷大学教授弗雷得·里格斯（Fred W. Riggs）在其出版的《行政生态学》一书中，将生态学的理论与方法运用到发展中国家行政问题的研究中，使行政生态学得到广泛关注。[2]

前人对行政环境的重视足以见得行政环境对行政管理的影响之大，为了保证行政管理的公平性、顺畅性、有效性，为了保证行政管理的开展最大程度地满足群众需求，为了使所有的行政管理活动最大程度地做到“人民至上”，对行政环境进行学习和研究自然必不可少。

二、研究行政环境的意义

（一）研究行政环境，有利于探寻行政职能变迁的动力[3]

行政管理的产生本就是基于环境的需要，所以行政环境的变化自然会对行政管理提出新的要求，要求行政系统应当履行的行政职能相应发生变化，或许是删减已经不必要存在的行政职能，或许是增加从前没有的行政职能，或许是削弱某项行政职能，或许是强化某项行政职能，或许是合并几项行政职能……不管如何变化，都将以对行政环境的熟悉和正确认知为基础。

---

[1] 参见郑志龙主编：《行政管理学》，高等教育出版社，2011 年版，第 52 页。

[2] 参见龚胥侠：《现阶段中国行政环境和行政改革略论》，载《兰州大学学报（社会科学版）》，2006 年第 2 期。

[3] 参见陈延庆：《行政环境与行政职能变迁论析——行政生态学视角的考察》，载《青岛科技大学学报（社会科学版）》，2009 年第 4 期。

（二）研究行政环境，有利于提高公务人员适应并优化行政环境的能力，以便提升其推动行政职能变革的能力[1]

行政环境的变迁是行政职能变革的根本原因和实践基础，但是这种变革往往不会自动发生，而需要人的推动。最具有推动行政职能变革的条件和能力的人就是行政职能的具体履行者——公务人员。[2] 因为公务人员作为行政职能的具体履行者，最了解行政职能的覆盖范围、运行体系、运行环节和运行方式等，而且公务人员作为行政系统的一部分，是行政职能变革的内生型动力源泉，对于推动行政职能的变革具有其他部门不具备的便利性。

公务人员适应行政环境能力的提高对于其本人和其所在部门的管理能力和管理水平的提高都会产生助益，但是在经济、社会发展速度加快的当代，行政环境的变化速度比历史上任何时候都要更快，要保持行政管理水平不下降，乃至提升行政管理水平，就要提高公务人员优化行政环境的能力，最终提升公务人员推动行政职能变革的能力，让行政职能与行政环境始终保持动态的适应性，由此才能始终做到“人民至上”。

三、行政环境的含义

行政环境是“影响行政系统生存与发展的一切要素的总和，它包括外部环境和内部环境（内部条件）”。[3] 本章主要分析影响行政系统生存与发展的外部环境。

行政环境有很多特点，如差异性，不同国家、不同地区和不同时代的行政系统面对的地理环境、民族文化等各不相同，这就是行政环境的差异性。[4] 也正是这种差异性的存在，导致西方十分推崇的制度在“二战”后新兴的亚

[1] 参见陈延庆：《行政环境与行政职能变迁论析——行政生态学视角的考察》，载《青岛科技大学学报（社会科学版）》，2009 年第 4 期。

[2] 参见陈延庆：《行政环境与行政职能变迁论析——行政生态学视角的考察》，载《青岛科技大学学报（社会科学版）》，2009 年第 4 期。

[3] 参见夏书章主编：《行政管理学》，高等教育出版社、中山大学出版社，2013 年版，第 24 页。

[4] 参见郑志龙主编：《行政管理学》，高等教育出版社，2011 年版，第 53 页。

非拉民族独立国家水土不服。又如，行政环境和行政系统的关联具有多样性。在不同的条件中，行政环境中的不同要素与行政系统的关系呈现不同特点，[1]有时有直接关系，有时有间接关系，有时关系紧密，有时关系疏远，甚至有时关联性不确定。

2020 年年初发生的新冠肺炎疫情，其对全中国人民乃至世界人民生活的影响在疫情发生的最初阶段并没有被绝大多数人清楚地认知。自 2020 年 1 月 23 日武汉封城开始，全中国人民或许才意识到这场疫情的严重性，随后，从中央到地方，从官方到民间，从医务人员到普通民众，首要任务都是帮助武汉渡过难关，同时，全国各地、各行各业都采取了非常严厉的措施进行疫情防控。到 2020 年下半年，中国的疫情防控依然保持常态化。在党中央的领导下，从武汉封城那一刻起，甚至更早一些，疫情防控就已经不仅仅是公共卫生系统的职责，而是整个行政系统的职责。不管到什么部门办什么事，即便是进入商场、超市，首先都要做登记，都要出示健康码，以确保一旦出现疫情时可以及时联系到关联人员。可以说，在新冠肺炎疫情结束前，疫情防控将一直是中国行政系统的主要职责之一，甚至是最主要的职责。

行政环境的特点不只于差异性和多样性，还有很多其他特点。在行政环境的诸多特点中，有两个特点尤为重要，但有时又容易被忽视，或者认知不及时，这两个特点是行政环境的延续性和动态性。[2] 延续性是指行政环境的现在是过去的延续，将来是现在的延续，即行政环境的“现在时”是其“过去时”的延续。这一点非常重要，但有时又会被忽视。同样的行政管理活动可能在不同时期会产生不同的结果，因为不同时期的行政环境是不同的，过去对行政管理活动开展有利的规定可能会成为现在行政管理活动开展的障碍，而这种障碍可能并不会被重视，甚至是被忽视。动态性是指行政环境的“现在时”是其“过去时”改变后的状态，也就是说，尽管行政环境具有延续性，但不会一成不变地延续过去，而是多少会发生变化，有时还会在短期内发生较大变化。这种变化要求行政系统要有足够的敏锐性，及时捕捉到行政环境

---

[1] 参见郑志龙主编：《行政管理学》，高等教育出版社，2011 年版，第 53 页。

[2] 参见龚霄侠：《现阶段中国行政环境和行政改革略论》，载《兰州大学学报（社会科学版）》，2006 年第 2 期。

发生的变化，及时调整行政职能，使行政职能与行政环境相适应，也就是做到行政职能与行政环境的与时俱进，这里的“时”就是指行政环境。

第二节 行政环境要素

根据各种因素性质上的差异性，外部行政环境可以分成两大类：自然环境和社会环境。❶

一、自然环境

自然环境是指存在于“行政系统界线之外、未经人工影响而存在的事物。它包括地球环境和地球之外的宇宙环境”。❷ 地球环境包括地形、地貌、气候、土壤等地理环境因素，以及可开发利用的水力、风力、生物、矿藏等资源环境因素。宇宙环境包括天体运动、太阳黑子干扰、日食影响、月食影响等地外因素。❸

因为在大多数情况下，宇宙环境对行政系统的影响非常小，所以不作详细介绍。作为国家构成的重要物质基础，地球环境对行政系统的影响则绝对不可忽视。❹

自然环境对行政系统的影响体现在以下几个方面：①自然环境会制约行政系统发展模式，这种制约通过自然环境对人类社会文明形成与发展的影响来实现，十分典型的就是美国东西两岸各有大西洋和太平洋作为天然屏障，除了让美国远离两次世界大战之苦以外，也为美国行政系统的连续性和稳定性创造了天然条件；②自然资源的丰富程度和国土面积的大小对一个国家综合国力的强弱具有直接影响，进而影响行政系统的财力基础及其功能的内容

❶ 参见夏书章主编：《行政管理学》，高等教育出版社、中山大学出版社，2018 年版，第 23 页。
❷ 参见夏书章主编：《行政管理学》，高等教育出版社、中山大学出版社，2018 年版，第 23 页。
❸ 参见夏书章主编：《行政管理学》，高等教育出版社、中山大学出版社，2018 年版，第 23 页。
❹ 参见夏书章主编：《行政管理学》，高等教育出版社、中山大学出版社，2018 年版，第 38 页。

与权力体系的完善程度等；③一个国家的自然环境能够影响其经济走向与结构，进而影响行政系统的部门设置与功能发挥，例如，澳大利亚畜牧业发达，沙特阿拉伯、科威特等中东国家石油储备丰富，自然资源的优势不同，不同国家的支柱产业也就不同，[1] 从经济基础决定上层建筑的理论出发可以推断，经济支柱不同的国家在行政系统内部的部门设置方面也会各有侧重，事实也往往如此；④不同的国土形状还会对一国的民族团结、国家统一与行政系统的稳定性产生影响，对民族团结与行政系统稳定性和权威性最有利的国土形状是紧凑型、方块形和圆形，反之，则是破碎形和狭长形，这是因为不同的国土形状对不同区域间经济发展的平衡性和国内交往的难易程度等方面的影响不同；⑤地理环境还对政府的国际战略及其功能组织产生影响。[2] 自新冠肺炎疫情在全球范围蔓延以来，世界各国的医疗资源都很紧张，而中国经过一段时间的努力已经具备向外输出的能力，因此，不少国家从中国进口医疗设备和防护物资、消毒物资，其中就包括瑞士。瑞士地处欧洲内陆，周边被强国环绕，根据媒体报道，因为新冠肺炎疫情的蔓延，瑞士的医用口罩严重不足，2020 年 3 月初，属于瑞士的一辆载有 24 万只防护口罩的卡车被德国海关拦截；3 月 11 日，在中国生产、原本运往瑞士的一批医用外科手套在德国中转时被德国截停；同一天，意大利又扣押了原本应该运往瑞士的消毒剂。

二、社会环境

社会环境是指存在于“行政系统界线之外”“影响行政系统活动并决定其兴衰存亡的各种社会因素的总和”。[3] 作为行政系统产生、存在和发展的社会基础，社会环境是一个由各项要素构成的复杂系统，不同要素对行政系统的影响也不尽相同。社会环境又可以分成两类：一是国际社会环境；二是国内社会环境。[4]

---

[1] 参见夏书章主编：《行政管理学》，高等教育出版社、中山大学出版社，2018 年版，第 39-40 页。

[2] 参见夏书章主编：《行政管理学》，高等教育出版社、中山大学出版社，2018 年版，第 40 页。

[3] 参见夏书章主编：《行政管理学》，高等教育出版社、中山大学出版社，2018 年版，第 23 页。

[4] 参见夏书章主编：《行政管理学》，高等教育出版社、中山大学出版社，2018 年版，第 23-24 页。

（一）国际社会环境

国际社会环境包括“国际关系格局、重大国际事件、战争与和平、国际组织与国际法及其他各国共同关心的社会问题等”。[1] 2013 年的南海仲裁案、2018 年开始的中美贸易摩擦、2020 年年初蔓延全球的新冠肺炎疫情等都是中国不得不考虑的国际社会环境。

（二）国内社会环境

1. 政治环境

政治环境通常包括“国体、政体、国家机构、政党制度”[2] 等要素；法治环境通常包括“立法、执法、守法、法治教育”[3] 等环节。法律是统治阶级意志的表达，不可避免地带有政治性。在很多文献中，法律这一要素也会被归为政治要素之一，本章亦将法治环境归入政治环境当中一并阐述。

（1）国体

国体直接决定行政系统的基本性质，体现的是一个国家的阶级性质。[4] 行政系统在处理国家事务、社会事务和机关内部事务时，从根本上讲，都是在维护国家主人的利益，所以国家主人的性质决定了行政系统的阶级属性。[5]

（2）政体

政体是指政权组织形式，因为它规定了整个国家机构的组成形式和各个机构之间的关系，所以也就决定了行政系统的具体形式和其在整个国家机构体系中的地位与作用。议会制政体和总统制政体就大有不同。[6] 英国和日本就是典型的议会制政体，政府更迭以议会选举结果为基础；美国则是典型的总统制政体，总统由选民选举，总统的选举结果和议会中哪个党派占多数席位

---

[1] 参见夏书章主编：《行政管理学》，高等教育出版社、中山大学出版社，2018 年版，第 24 页。

[2] 参见夏书章主编：《行政管理学》，高等教育出版社、中山大学出版社，2018 年版，第 24 页。

[3] 参见夏书章主编：《行政管理学》，高等教育出版社、中山大学出版社，2018 年版，第 24 页。

[4] 参见夏书章主编：《行政管理学》，高等教育出版社、中山大学出版社，2018 年版，第 28–29 页。

[5] 参见夏书章主编：《行政管理学》，高等教育出版社、中山大学出版社，2018 年版，第 29 页。

[6] 参见夏书章主编：《行政管理学》，高等教育出版社、中山大学出版社，2018 年版，第 29 页。

没有必然联系，总统与议会相互制衡。我国的政体是人民代表大会制，[1] 全国人民代表大会是我国最高国家权力机关，“国家行政机关、监察机关、审判机关、检察机关都由人民代表大会产生，对它负责，受它监督”。[2]

（3）政党制度

政党制度对行政系统的影响是全方位的，不仅对行政系统与政党间的关系有直接影响，还对行政系统的机构设置、政策稳定性、纠错机制等产生直接影响。通常而言，在一党制之下，行政系统的机构设置较为稳定，人员配备与功能发挥也相对稳定，政策连续性有保障，党政双方能够达到政见的高度一致，同时，纠错机制也可能会反应迟缓和脆弱。[3] 但并不绝对，纠错机制的反应速度和力度主要取决于执政党自我监督、自我革命的意识、决心和能力。而行政系统在一党制之下的前述优势，在两党制或者多党制之下的表现恰好相反。值得一提的是，在过去的很多教材和论著当中，关于纠错机制在一党制和两党制、多党制之下的表现的观点通常是一党制之下的纠错机制往往反应迟钝，而在两党制或者多党制之下则反应相对灵敏。但事实上，纠错机制的反应速度和力度主要取决于执政党的自我监督、自我革新的意识、决心和能力，与执政党数量并没有必然联系。就以中国为例，近年来，中国的反腐力度之大有目共睹，这正是中国共产党自我监督，自我纠错的决心和能力的体现；再者，自新冠肺炎疫情发生后，因疫情防控措施落实不力导致疫情蔓延致使相应官员被问责早已不是新鲜事，而且问责速度之快令全世界看到了中国共产党在疫情防控方面的决心和力度。

（4）政治生活

政治生活的民主、平等程度制约着行政决策和行政执行的民主与科学化程度。[4] 政治和行政是同一领域里不同层次的活动，政治是高层次的行政活动，而行政则是相对低层的政治活动。因此，行政系统在决策和执行方面的

---

[1] 参见夏书章主编：《行政管理学》，高等教育出版社、中山大学出版社，2018 年版，第 29 页。

[2] 参见《中华人民共和国宪法》（2018），第三条，共产党员网，http://news.12371.cn/2018/03/22/ARTI1521673331685307.shtml，2020 年 10 月 15 日访问。

[3] 参见夏书章主编：《行政管理学》，高等教育出版社、中山大学出版社，2018 年版，第 29 页。

[4] 参见夏书章主编：《行政管理学》，高等教育出版社、中山大学出版社，2018 年版，第 29 页。

风格会直接受到政治生活的影响。政治生活的民主程度和平等程度越高，行政系统做的决策就越会体现出民主化和科学化特征，行政执行的沟通、协调等环节也会体现政治生活的风格。[1] 事实上，这与领导层对民众参与决策和执行的观点有着直接关系。如果领导层认为，民众是否在决策中表达意愿并不重要，那么行政决策程序就不会设置向民众公示的环节，或者会在不得不公示的情况下，选择尽可能低调的公示方式；如果领导层认为，民众在决策中的意愿表达十分重要，甚至对行政决策产生决定性影响，那么行政决策程序中就会设置公示环节，并且会对民众的诉求予以回应。

（5）政治形势

政治形势的稳定性会对行政系统的运行状态产生显著影响。稳定的政治形势是行政系统保持结构完善、履职正常、沟通畅通、程序严密的基础；而缺乏稳定性的政治形势则会造成行政系统运转不畅，程序失序。[2]

（6）法律制度

作为国家意志的表达，法律制度对行政系统在整个国家体系中的地位和权力关系的规定与保障至关重要。在现代法治国家，法律通常都会对行政系统的地位、权限、机构设置等作出规定，这也是对行政系统的保障。[3]

法律的完善化、科学化程度对行政系统运转的协调性和规范性影响显著。如果法律规定足够完善并且足够科学，那么行政系统运行的协调性、法治性和科学性就会很高，否则就会出现行政系统运行不畅，[4] 无法可依，或者尽管有法可依，但正是由于遵守法律规定才导致出现行政系统运行不畅的尴尬局面。

2. 经济环境

经济基础决定上层建筑，经济环境是行政系统外部环境中最基础的一项要素。经济环境的诸多要素可以概括为两大方面：一是生产力；二是生产关系。[5]

---

[1] 参见夏书章主编：《行政管理学》，高等教育出版社、中山大学出版社，2018 年版，第 29–30 页。
[2] 参见夏书章主编：《行政管理学》，高等教育出版社、中山大学出版社，2018 年版，第 30 页。
[3] 参见夏书章主编：《行政管理学》，高等教育出版社、中山大学出版社，2018 年版，第 30 页。
[4] 参见夏书章主编：《行政管理学》，高等教育出版社、中山大学出版社，2018 年版，第 30–31 页。
[5] 参见夏书章主编：《行政管理学》，高等教育出版社、中山大学出版社，2018 年版，第 26 页。

（1）“物质生产与人口生产的发展状况对行政系统的影响”[1]

行政系统的存亡与性质由生产力发展状况决定。行政系统并不是自有了人类以后就产生的，是生产力发展到一定阶段但又不够发达时才会产生和存在的，是为阶级统治而生。同时，生产力的发展状况又决定了生产资料的所有制形式，进而决定了行政系统的阶级属性。[2]

行政系统的功能发挥与部门设置受到生产力发展状况的制约。在自然经济社会中，生产力水平低，商品生产非常不发达，在这种经济基础上，行政系统的政治功能就十分凸显，同时，经济功能十分微弱，承担经济管理的职能部门也设置较少。而在市场经济社会中，社会化大生产需要行政系统对宏观经济生活进行干预，使行政系统的宏观经济功能和相应的宏观经济管理部门得以强化。此外，经济发展引发社会问题，包括失业、环保等，对行政系统提出了新的要求，即社会管理功能得到强化，社会管理部门得以增设。[3]

行政系统运行的物质基础由生产力的发展状况决定。行政系统开展行政管理需要一定的物质基础，物质基础的数量和质量，尤其是技术装备的精良程度，决定了行政系统运行效率的高低。而行政系统运行的物质基础与行政系统所处时代的生产力发展水平关系密切。[4] 这一点，通过行政系统对新冠肺炎疫情中的相关人员排查就可见一斑。智能手机的普及和大数据的应用，使得行政系统能够十分快速地锁定应当接受核酸检测的人员，并通知本人接受检测，这给相关人员的排查工作提供了极大便利。如果没有智能手机的普及和大数据在生活中的普遍应用，这种快速锁定相关人员的方式便不可能大范围使用。而核酸检测时的信息登记也全都可以通过扫描二维码的方式进入系统快速完成填写，检测结果可以通过手机接收和查询，以此做到了尽量少的直接接触，也能避免出现人员信息登记混乱导致检测结果与受检人员不匹配的问题。

此外，行政系统的正常运转也离不开行政经费的支持。而行政经费的多

---

[1] 参见夏书章主编：《行政管理学》，高等教育出版社、中山大学出版社，2018 年版，第 26 页。
[2] 参见夏书章主编：《行政管理学》，高等教育出版社、中山大学出版社，2018 年版，第 26 页。
[3] 参见夏书章主编：《行政管理学》，高等教育出版社、中山大学出版社，2018 年版，第 26–27 页。
[4] 参见夏书章主编：《行政管理学》，高等教育出版社、中山大学出版社，2018 年版，第 27 页。

少与一国生产力发展状况直接相关。通常而言，生产力水平较高的国家能够给予行政系统的预算支持也较为充分。反之，则会经费紧张。[1]

行政系统的发展战略和人口管理功能受到一国人口发展状况的影响。这种影响主要体现在三个方面：第一，人口数量与质量会直接影响一国经济与社会的发展。[2] 例如，有专家预测，在经济方面，中国的人口红利正在消失，随着劳动力数量的减少，劳动密集型产业便无法支撑，中国必须实现产业结构的升级和优化。经过40多年的改革开放，中国也具备了产业升级的人力条件和物质基础，"'人口红利'加速向'人才红利'转变，这是中国发展的最大'底气'"。[3] 这种转变是必须，也是必然。只有完成这种转变，中国的发展才能实现从数量到质量的转变，最终实现数量和质量的双重飞跃。第二，行政系统的人口管理政策及部门设置由人口数量决定。因为国情的不同，不同国家在人口政策方面的倾向也不同，有的国家鼓励提升人口数量，有的国家控制人口数量的增长，而且设置了不同的管理部门。[4] 2016年1月1日起，我国"二孩"政策全面放开，此政策与我国未富先老的国情直接相关。第三，行政系统的编制数量和改革难易程度也受到人口数量的影响。我国人口数量世界第一，但是经济发展水平还在持续提升当中，所以就业岗位尤其是优质就业岗位的竞争更加激烈，而且受到传统观念以及行政机关、国有企事业单位工作稳定性高等因素的影响，成为公务员或者到国有企事业单位工作成为很多人在求职时的首选。同时，也因为从前我国对公务员编制数和国有企事业单位的编制数控制不严格，导致行政机关、国有企事业单位人员超编、机构庞大，故而，行政改革难度较大。[5]

---

[1] 参见夏书章主编：《行政管理学》，高等教育出版社、中山大学出版社，2018年版，第27页。

[2] 参见夏书章主编：《行政管理学》，高等教育出版社、中山大学出版社，2018年版，第27页。

[3] 2018年10月24日李克强总理应邀在中国工会第十七次全国代表大会上作经济形势报告时说，中国有9亿劳动者，1.7亿受过高等教育或有专业技能的人才，这是世界上任何国家都无法比拟的巨大的人力人才资源。中国人不仅勤劳智慧，而且有韧性。中国40年的改革开放使广大劳动者的素质持续提升，技能水平不断提高。"人口红利"加速向"人才红利"转变，这是中国发展的最大"底气"。参见中国政府网，http://www.gov.cn/guowuyuan/2018-10/25/content_5334370.htm，2020年10月15日访问。

[4] 参见夏书章主编：《行政管理学》，高等教育出版社、中山大学出版社，2018年版，第27页。

[5] 参见夏书章主编：《行政管理学》，高等教育出版社、中山大学出版社，2018年版，第27页。

（2）“生产关系与具体的经济体制对行政系统的影响”[1]

行政系统的性质和变化由基本的生产关系决定。生产关系属于经济基础范畴，行政系统属于上层建筑范畴，经济基础决定上层建筑，因此经济基础的性质与变化，决定了上层建筑的性质和变化。[2]

行政系统的功能配置和运行模式受到具体的经济体制的影响。作为生产关系的具体表现形式，人类历史上已经出现三种经济体制：自然经济体制、市场经济体制和计划经济体制。在市场经济体制中，资源配置由市场完成，市场虽然能够自我调节，但是也会出现市场失灵，这就需要行政系统通过宏观调控实施干预，行政系统的部门设置也和相应职能相对应。计划经济体制对行政系统的职能要求则截然相反，计划经济体制要求行政系统对经济实施全面、直接的指令管理，因此行政系统设置了大量的经济管理部门，行政系统对企业的管理也十分具体、直接。[3]

3. 科技环境

科技环境，包括科技发展水平及其装备应用于生产和生活各领域的广度、深度等。[4] 现代生活的便捷性得益于科技的进步，这一点已经非常明确，手机移动支付功能、定位功能、导航功能，高铁在中国的迅猛发展，电商仓库配送商品的机器人等都是科技应用于生产、生活的常见例证。应该说，中国的科技发展水平从未达到今天的高度，科技为群众生活带来的便利也有目共睹，这是值得全体中国人自豪的。然而，美国对华为公司的打压让我们看到，中国在高精尖科技领域还有非常显著的进步空间，还需要努力提升科技水平，把关键技术掌握在自己手里，只有做到“自力更生”，才能真正实现“丰衣足食”。

4. 教育环境

教育环境，“包括教育制度、教育方法、教育水平、教育层次的比例结构、受教育的人口比重等”。[5] 1986 年 4 月，《中华人民共和国义务教育法》

---

[1] 参见夏书章主编：《行政管理学》，高等教育出版社、中山大学出版社，2018 年版，第 28 页。
[2] 参见夏书章主编：《行政管理学》，高等教育出版社、中山大学出版社，2018 年版，第 28 页。
[3] 参见夏书章主编：《行政管理学》，高等教育出版社、中山大学出版社，2018 年版，第 28 页。
[4] 参见夏书章主编：《行政管理学》，高等教育出版社、中山大学出版社，2018 年版，第 24 页。
[5] 参见夏书章主编：《行政管理学》，高等教育出版社、中山大学出版社，2018 年版，第 24 页。

颁布，该法确定了中国的九年义务教育制度。此后，中国普遍实行的是包括小学和初中教育在内的九年义务教育，后来在一些地区开始尝试高中教育免费，主要集中在发达地区、民族地区。九年义务教育是为受教育者具备生活能力提供基础保障，而免费高中教育的加入则为受教育者的未来提供了更广阔的前景。2019 年 5 月 24 日，国务院办公厅印发了《教育领域中央与地方财政事权和支出责任划分改革方案》，该方案在“学生资助”的“普通高中免学杂费补助和国家助学金”部分规定，相关经费由中央和地方财政按照不同地区不同比例进行分档承担，共分为五个档位。[1]

近二三十年来，关于教育方法的探索不仅受到教育者的重视，也得到家长们的关注。但就实践来看，教育方法似乎并没有最好的，而只有适合的，不仅要适合社会需要，而且要适合受教育者的需要。受教育者不仅要学习知识，更应该拥有健康的人格，知识教育是基础，人格教育是保障。健康的人格才能让学到知识的人把知识用到正途，而不是危害社会。

改革开放以来，我国不仅经济发展迅速，而且高等教育的大众化让更多人有机会接受高等教育。相关数据显示，1982 年全国高等教育人口只有 443 万，但是到了 2015 年，全国高等教育人口已达 1.71 亿人，在全国总人口中占到 12.4%。从就业情况看，2010 年，高等教育人口处在就业状态的比例从大学专科、大学本科到研究生依次升高，而且都不低于 90%，可见，接受高等教育的层次越高，获得就业岗位的可能性就越大，并且失业的可能性越低。[2] 接受高等教育人口的绝对数字和相对数字的提升，为我国经济的高质量发展提供了人才保障，但同时也应当认识到，高等教育人口结构和经济发展需求的对应性还有待提升。如果这个问题能够解决，那么每年都会被提及的就业难的问题应该也能够得到改善。

5. 民族环境

民族环境，包括民族的人口和分布、民族语言、民族经济、民族文化和

---

[1] 参见《教育领域中央与地方财政事权和支出责任划分改革方案》，中国政府网，http://www.gov.cn/zhengce/content/2019-06/03/content_5397093.htm，2020 年 10 月 16 日访问。

[2] 参见张银峰：《高等教育人口占比提升至新水平》，中国社会科学网，http://sky.cssn.cn/sf/bwsf_sh/201705/t20170503_3506482.shtml，2020 年 10 月 16 日访问。

传统等。[1]

民族政策及相应的行政系统的设置都受到民族环境的影响。在多民族国家中，民族问题处理是否得当直接关系国家是否稳定、是否统一，因此这些国家都要设立专门的部门来处理少数民族事务。例如，英国根据苏格兰、威尔士、北爱尔兰地区的民族和地方特点，分别设置了苏格兰、威尔士、北爱尔兰三个事务部，分别负责相关的地区和民族事务。有 30 多万少数民族人口居住的泰国北部山区经济文化落后，民族矛盾与冲突频繁。为扶持山区民族经济发展，解决民族问题，泰国政府专门设立了山民发展委员会处理相关事务。[2] 中国共有 56 个民族，是一个由多民族共同组成的大家庭。新中国成立以来，各民族间逐步形成了平等、团结、互助、和谐的民族关系，[3] 这得益于党和政府对民族事务的重视和对民族事务的妥善处理。在国务院组成部门中，国家民族事务委员会（以下简称“国家民委”）的工作职责与民族事务的关系最为紧密。[4]

行政系统的体制受到民族环境的影响。行政系统的体制无非涉及两个问题：一是行政权力的配置，二是行政部门的设置。集权制和分权制是中央与地方关系的两种类型。在一个国家中，如果几个民族实力上没有明显差别，就意味着没有哪个民族能够在政治上占有绝对优势，那就需要采取分权制。南斯拉夫就是一个典型。南斯拉夫境内民族众多，各民族之间在人口、土地和经济实力方面相差不多，难以形成权力中心，因此采用了分权制。在少数民族聚居区，大部分国家都建立了民族区域自治政府，其比一般地方政府拥有更多自治权。[5]

行政系统权力的行使受到民族环境的制约。一般而言，行政系统所辖范围内，行政权力的行使要求任何团体和个人都必须服从，但在具体民族

---

[1] 参见夏书章主编：《行政管理学》，高等教育出版社、中山大学出版社，2018 年版，第 35 页。

[2] 参见夏书章主编：《行政管理学》，高等教育出版社、中山大学出版社，2018 年版，第 35-36 页。

[3] 参见张五军：《我国平等团结互助和谐民族关系形成的历史逻辑》，延安市民族宗教事务局，http://mzzj.yanan.gov.cn/zdzl/31371.htm，2020 年 10 月 16 日访问。

[4] 参见《国家民委工作职责》，中华人民共和国民族事务委员会，https://www.neac.gov.cn/seac/mwjs/201012/1009121.shtml，2020 年 10 月 16 日访问。

[5] 参见夏书章主编：《行政管理学》，高等教育出版社、中山大学出版社，2018 年版，第 36 页。

环境中，行政系统行使权力时会进行更多考量。当某项行政权力的行使会损害民族感情、不利于民族团结时，对于权力如何行使和是否行使就要重新考虑。

行政系统的凝聚力受到民族环境的影响。一个行政系统的凝聚力在很大程度上由该行政系统所处的民族环境决定。如果民族矛盾尖锐，民族关系不够融洽，而行政系统又不能有效解决，民族间离心倾向的加剧会削弱行政系统的凝聚力。[1]

新中国成立以来，在党的领导下，经过全国人民的共同努力，我国“平等、团结、互助、和谐的社会主义民族关系已经确立，并将继续加强”。[2] 这为我国行政系统政策的稳定性和功能的发挥提供了良好的民族环境。[3]

6. 宗教环境

作为一种复杂的社会历史现象，宗教是人类对超自然力量的信仰与崇拜。在人类社会发展史中，宗教始终与政治相互关联、相互影响。特别是在宗教盛行的民族和国家中，宗教的作用绝不可低估。行政系统也不可避免地受到宗教的影响。宗教在国家中的地位、宗教活动、宗教意识等都是宗教环境的要素。[4]

行政系统的机构设置和职权行使受到宗教的制约。宗教的这一影响在政教合一的国家表现得尤为明显。在这类国家中，神权高于一切，行政系统的设置、功能大小都必须根据宗教影响决定。例如，在沙特阿拉伯，国王既是国家元首，也是伊斯兰教教长，行政系统的设立和活动都不得违反《古兰经》与穆罕默德（伊斯兰教创始人）遗训。[5]

属于意识形态领域的宗教的影响往往深入人心，对宗教问题的无视必然影响一国政局的稳定，因此世界上很多国家都设有行政机构专司宗教事务，

[1] 参见夏书章主编：《行政管理学》，高等教育出版社、中山大学出版社，2018 年版，第 36 页。

[2] 参见《中华人民共和国宪法》（2018），共产党员网，http://news.12371.cn/2018/03/22/ARTI1521673331685307.shtml，2020 年 10 月 16 日访问。

[3] 参见夏书章主编：《行政管理学》，高等教育出版社、中山大学出版社，2018 年版，第 37 页。

[4] 参见夏书章主编：《行政管理学》，高等教育出版社、中山大学出版社，2018 年版，第 37 页。

[5] 参见夏书章主编：《行政管理学》，高等教育出版社、中山大学出版社，2018 年版，第 37 页。

如中国的国家宗教事务局、伊朗的伊斯兰指导部等。[1]

在宗教影响较大或者全民信教的国家和地区，行政系统组成人员的来源还要适当考虑宗教界人士。在宗教盛行，又缺乏独立的行政道德规范的国家，行政系统成员通常用宗教道德规范来发挥替代作用。[2]

行政系统的管理活动会受到宗教的推动或妨碍。作为一种意识形态，宗教的诞生和发展有其现实基础，同时宗教对现实的影响也分正反两面。当宗教与统治阶层的需求契合时，对行政系统的管理活动就有助推作用；当宗教与统治阶层的需求不一致甚至相悖时，对行政系统的管理活动就会产生阻碍作用。[3]

7. 文化环境

文化环境，包括“生活方式、风俗习惯、价值观念、道德标准、行为模式等”。[4] 广义文化包括物质文化、社会文化和精神文化三部分。狭义文化是指社会意识形态，包括风俗、习惯、价值观念、行为模式、道德标准等，将前述内容归纳为两点的话，就是价值观念和行为模式。本章所讲的是狭义文化对行政系统的影响，即以价值观念和行为模式为核心的意识形态对行政系统产生的影响。与之相关的是行政文化，是指一个社会中的人们关于行政系统的价值观念，以及这种价值观念所要求的行政系统的行为模式。[5]

（1）“关于行政系统一般行为的期望对行政系统的影响”[6]

不同国家对行政系统的管理范围的期望不同。[7] 不同国家的民众对政府是做一个“守夜人”型的政府还是做全能型政府的期望是不同的。例如，在中国，民众对行政系统的信任和依赖几乎是一种传统思维，这种思维基本上只有在行政系统的行为长期、严重不符合民众期待时才会动摇。再例如，我国历次的改朝换代几乎都发生在民众对既定行政系统的期望值极低的时期，而

[1] 参见夏书章主编：《行政管理学》，高等教育出版社、中山大学出版社，2018 年版，第 37 页。
[2] 参见夏书章主编：《行政管理学》，高等教育出版社、中山大学出版社，2018 年版，第 37-38 页。
[3] 参见夏书章主编：《行政管理学》，高等教育出版社、中山大学出版社，2018 年版，第 38 页。
[4] 参见夏书章主编：《行政管理学》，高等教育出版社、中山大学出版社，2018 年版，第 24 页。
[5] 参见夏书章主编：《行政管理学》，高等教育出版社、中山大学出版社，2018 年版，第 31 页。
[6] 参见夏书章主编：《行政管理学》，高等教育出版社、中山大学出版社，2018 年版，第 31 页。
[7] 参见夏书章主编：《行政管理学》，高等教育出版社、中山大学出版社，2018 年版，第 31 页。

绝大多数时候，民众都对行政系统抱有不同程度的期望。而西方国家的民众对行政系统的期望在不同时期也不相同。一直到资本主义初期，西方国家的民众还只是希望行政系统只做“守夜人”即可，因为公共事务简单，行政系统的管理功能也比较单一，治安好、收税少就是好政府。进入近代以来，随着社会的发展，公共事务日益复杂，民众希望行政系统管理的事务越来越多。在民众期待较低的文化环境中，行政系统的压力也会很小；而在民众期待较高的文化环境中，行政系统的压力则要大得多，但如果处理得当，行政系统在民众当中的权威也会更高。[1]

不同国家对行政系统的输入和输出的期望不同。在以依附型行政文化为主的国家，社会只对行政系统的输出存在较强的期望，对行政系统的政策、措施等或拥护、热情，或反对、冷漠；而对行政系统的输入功能则表现得不关心，即参政意识较低，这反映出民众的服从观念较强。而在以参与型行政文化为主的国家，社会对行政系统的输入抱有较强期望，即参政意识较强，对行政系统输出的期望也很强烈。在行政系统的输出和民众的输入没有保持必要的一致时，民众就会对行政系统的政策保持冷漠和抵制，甚至引发民众对行政系统的不信任。[2]

民众参与行政输入方式的差异取决于民众对行政系统的认同程度。如果民众对行政系统尤其是中央政府非常认同，那么民众对行政系统的信息输入就会以法治、温和的方式进行；行政系统的政策输出通常也会反映民众输入的支持和要求。反之，如果民众对行政系统尤其是中央政府缺乏认同和信任，那么民众对行政系统的信息输入方式就很容易违背法治要求，以激烈、冲突的方式进行；行政系统的政策输出也很少反映出民众的要求，甚至会以各种方式应付民众，民众对行政系统则更加不信任。[3]

（2）“关于行政系统首脑权力的观念对行政系统的影响”[4]

不同的行政文化对于首脑权力来源的认识是不同的，有的认为来自世袭，

[1] 参见夏书章主编：《行政管理学》，高等教育出版社、中山大学出版社，2018年版，第31页。
[2] 参见夏书章主编：《行政管理学》，高等教育出版社、中山大学出版社，2018年版，第32页。
[3] 参见夏书章主编：《行政管理学》，高等教育出版社、中山大学出版社，2018年版，第32页。
[4] 参见夏书章主编：《行政管理学》，高等教育出版社、中山大学出版社，2018年版，第32页。

有的认为来自个人魅力，有的认为来自法律。[1] 由此形成了三种权威：传统型权威、个人魅力型权威和法理型权威。对行政系统首脑权力来源的不同认识，引发的是民众对首脑的不同态度以及对自身与首脑关系的不同认知，继而对首脑所持有的理性程度也不同。[2]

（3）“关于行政系统运行方式的观念对行政系统的影响”[3]

这种观念决定了一个国家的行政系统究竟是依靠人治，还是依靠法治。如果依靠人治，就要保证当政者始终是“好人”，但历史证明，这点根本无法保证。因为没有制度的限制，好人也会变成坏人。[4] 因此，要“把权力关进制度的笼子里”，让权力始终受到制约和监督，只有这样，才能让掌握权力的人始终只能做“好人”，让“好人”始终做好事，让坏人始终没有机会做坏事，不敢做坏事。

（4）“关于行政系统内部人际关系的观念对行政系统的影响”[5]

行政系统内部人际关系的观念不同对个人和社会的影响是不同的。如果一个社会重视特殊人际关系，就容易在家庭、亲族等小范围的人际交往中培养出小团体，行政决策也会过多地考虑有着特殊关系的小团体的利益。如此一来，有才干而无关系的人则难有出头之日，从而使公平行政无法实现，行政监督的功能也会受到影响。如果一个社会重视普遍人际关系，就会跳出家庭、亲族等各种特殊社会关系，这会促使人们看重业绩、品德、成就与能力，从而促进公平行政的实现。当然，哪种人际关系在社会上受重视，与经济发展水平是直接相关的。在传统农业社会中，特殊人际关系受到重视是因为人们的交往范围狭小，人们的需求主要依靠小团体获得满足。而在现代工业社会，普遍人际关系受到重视是因为人们的交往范围扩大，人们的需求是无法从小团体中获得满足，而在各种不同的社会关系中能够得到满足。由于满足人们需求的供给方发生了变化，所以社会对人际关系的观念也发生了变化。[6]

---

[1] 参见夏书章主编：《行政管理学》，高等教育出版社、中山大学出版社，2018 年版，第 32–33 页。
[2] 参见夏书章主编：《行政管理学》，高等教育出版社、中山大学出版社，2018 年版，第 32–33 页。
[3] 参见夏书章主编：《行政管理学》，高等教育出版社、中山大学出版社，2018 年版，第 33 页。
[4] 参见夏书章主编：《行政管理学》，高等教育出版社、中山大学出版社，2018 年版，第 33 页。
[5] 参见夏书章主编：《行政管理学》，高等教育出版社、中山大学出版社，2018 年版，第 34 页。
[6] 参见夏书章主编：《行政管理学》，高等教育出版社、中山大学出版社，2018 年版，第 34 页。

这一点在我国发展水平不同的城市就能得到体现。我国一线城市人口多，竞争压力大，但是机会也多，环境也更加公平。在一线城市看中普遍人际关系，即便工作和生活都很辛苦，每年还是会有很多人愿意到一线城市寻找工作机会并希望能够站稳脚跟。相对而言，在一些小城镇，人们的生活压力不大，工资不高，竞争也不激烈，但是很多高校毕业生依然不愿意到小城镇工作和生活，因为“小”，所以特殊人际关系更加重要。

（5）“关于行政道德的观念对行政系统的影响”❶

“行政道德是指行政系统成员在行政管理过程中所遵循的调整个人之间、个人与行政系统及社会之间的关系的行为规范。”❷ 行政道德具有显著的政治性，其存在是为了维护政权的稳固和社会的安定；行政道德对行政系统成员实现个人利益的行为进行约束，关乎公务人员的廉洁；行政道德对行政系统成员的社会地位也有影响，在专制政体中，官本位观念深重，行政系统成员往往视自己为人上人，而在民主政体中，决定一个人社会地位的是学识、技能和财富，官本位逐渐失去市场。❸

8. 阶层要素

阶层要素，包括社会分层状况、各阶层间的地位和关系等。❹ 根据资源性质的不同，可以对社会进行不同类别的分层，分层依据分别是经济性资源、政治性资源和社会性资源。经济性资源主要指财富与收入，政治性资源主要指权力与特权，社会性资源主要指声望或威望。❺ 基尼系数作为衡量一国收入分配差异程度的指标经常被使用，基尼系数的数值在0~1，越接近0，表明收入分配越平均；越接近1，表明收入分配越不平均，0.4被称为预警线。根据国家统计局的报告，在2011年到2014年以及2016年的五年中，中国的基尼系数始终高于0.4，说明中国的收入差距较大。在美国，5%的家庭掌握了社会60%的财富，而在中国（不含港澳台地区），1%的家庭却握

---

❶ 参见夏书章主编：《行政管理学》，高等教育出版社、中山大学出版社，2018年版，第34页。

❷ 参见夏书章主编：《行政管理学》，高等教育出版社、中山大学出版社，2018年版，第34页。

❸ 参见夏书章主编：《行政管理学》，高等教育出版社、中山大学出版社，2018年版，第34-35页。

❹ 参见夏书章主编：《行政管理学》，高等教育出版社、中山大学出版社，2018年版，第24页。

❺ 参见刘祖云、戴洁：《再论社会分层的依据》，载《中南民族大学学报（人文社会科学版）》，2006年第6期。

有 41.4%的财富，中国的贫富差距超过美国。[1] 这种社会分层显然是不理想的，毕竟社会从来是“不患寡而患不均”，收入分配的“不均”必然会带来一系列社会问题，拉美国家的发展已经证实了这一点。为了避免陷入“有增长而无发展”的困境，中国政府应当强化社会职能，完善社会保障，[2] 早日实现共同富裕。

第三节　行政环境和行政管理的互动关系

本章主要分析的是外部行政环境，本节的行政环境和行政管理的关系仅指外部行政环境与行政管理的关系。行政环境和行政管理之间是一种辩证关系。行政管理由行政环境决定和制约，行政环境是开展行政管理的条件，而行政管理对行政环境也会产生反作用，行政管理活动的开展必定会对行政环境产生影响。[3] 因此，行政管理与行政环境相互影响，相互依赖。行政管理适应行政环境的需要而产生，又对行政环境进行选择与塑造。此外，行政环境对行政管理的影响又分宏观与微观两个层面。[4]

一、行政管理对外部环境的依赖性[5]

（一）行政管理是适应外部环境的需要而产生的[6]

行政管理并非古已有之，也不会永远存在。作为上层建筑的行政管理的

---

[1] 参见李春仙：《基尼系数——社会贫富差距的预警绳》，载《现代营销（经营版）》，2019 年第 9 期。

[2] 参见陆家欢：《基尼系数与政府的社会职能——拉美国家的启示》，载《大连干部学刊》，2008 年第 8 期。

[3] 参见郑志龙主编：《行政管理学》，高等教育出版社，2011 年版，第 54 页。

[4] 参见夏书章主编：《行政管理学》，高等教育出版社、中山大学出版社，2018 年版，第 24 页。

[5] 参见夏书章主编：《行政管理学》，高等教育出版社、中山大学出版社，2018 年版，第 24 页。

[6] 参见夏书章主编：《行政管理学》，高等教育出版社、中山大学出版社，2018 年版，第 24 页。

产生、发展和消亡均由经济基础决定。[1] 而行政的客体是国家事务、社会事务和机关内部事务。前两类事务的特点十分鲜明，即要么是个人无力管，要么是个人不愿管，但是必须有人管，那就只能由行政系统来管理。而行政系统的机关内部事务只能由行政系统自己管理，外部机构和个人也无从插手。

（二）外部环境的需要决定了行政管理的产生，同时制约着行政系统的价值观、目标、规模、结构与行为方式[2]

因为行政管理是适应外部环境的需要而产生的，所以不同的外部环境造就了不同的行政系统。[3] 由于不同国家和地区的民众对行政系统的期望不同，行政系统的目标、行为方式也会因为民众的期待而存在差别，指导行政系统行为的价值观也会受到其所处环境的影响，行政系统的规模与结构的设置也会因为管辖事务的多寡等因素而有所不同。

例如，自由资本主义时期和垄断资本主义时期的民众对政府的要求就明显不同，前一个时期要求政府只做“守夜人”，而后一个时期，则期待政府管理的事务越来越多，尤其是1929—1933年席卷整个资本主义世界的经济危机让人们看到了放任市场发展的弊端，而罗斯福“新政”成为政府干预经济、完善社会保障的成功实践。

（三）行政管理所需要的物质要素（人、财、物）和非物质要素（信息）都需要外部环境的输入[4]

行政系统不是孤立存在的，其开展行政管理所需要的全部资源都需要外部环境来提供，[5] 因为行政系统本身并不从事物质生产活动，所以其所需的物质要素不能实现自给自足。每年公务人员的社会招考就是外部环境向行政系统输入人力资源的典型。由于现有公务人员的调动、退休、离职等造成了职

---

[1] 参见郑志龙主编：《行政管理学》，高等教育出版社，2011年版，第54页。
[2] 参见夏书章主编：《行政管理学》，高等教育出版社、中山大学出版社，2018年版，第24页。
[3] 参见郑志龙主编：《行政管理学》，高等教育出版社，2011年版，第54页。
[4] 参见夏书章主编：《行政管理学》，高等教育出版社、中山大学出版社，2018年版，第24页。
[5] 参见夏书章主编：《行政管理学》，高等教育出版社、中山大学出版社，2018年版，第24页。

位空缺，当内部人员无法填补空缺时，就需要外部人员补充进来。

行政管理要对国家事务、社会事务进行管理，而这些事务的根源都在行政系统外部，所以要妥善处理这些事务，就要对其有充分的了解，保证真实、完善的信息输入行政系统成为行政管理成功的基础。

二、行政管理对外部环境的选择与塑造[1]

（一）要保证行政管理的正常进行，行政系统必然要从外部环境中吸收物质、能量和信息，但是又不会对外部环境的输入完全接受，而只接受能接受的部分[2]

例如，公务员考试除了笔试之外，还包括面试环节，有的职位还要组织开展专业科目考试，此外，还有非常重要的一个环节，即对拟聘人员进行政审。所有环节的设置都是为了选出最适合岗位需要的人进入行政系统。每年公务员报考都非常火爆，这表明希望进入行政系统的人员规模庞大，但最终行政系统只会录用符合数量和质量要求的人员。

（二）行政系统可以通过行政管理来选择外部环境，也会改善和控制外部环境[3]

外部环境并不会总是对行政管理有利，因此需要选择，更需要改善和控制，行政系统选择、改善和控制外部环境都是为了行政管理的顺利展开。2020 年，在党的领导下，我国政府对新冠肺炎疫情的防控就是在改善和控制外部环境。疫情的蔓延使武汉的公共卫生系统面临严峻考验，为了避免出现更多的“武汉”，只能对武汉采取封城措施，在除夕之前封城，也是为了尽力缩小病毒扩散范围。在全国都严阵以待的情况下，我国疫情得以控制，民众生活逐渐恢复正常，行政环境逐步改善。

---

[1] 参见夏书章主编：《行政管理学》，高等教育出版社、中山大学出版社，2018 年版，第 25 页。
[2] 参见夏书章主编：《行政管理学》，高等教育出版社、中山大学出版社，2018 年版，第 25 页。
[3] 参见夏书章主编：《行政管理学》，高等教育出版社、中山大学出版社，2018 年版，第 25 页。

前述行政环境还可以分为宏观环境和微观环境两个层面。宏观环境是指对整个行政系统具有广泛影响的环境，如政治环境、经济环境、自然环境等；微观环境是指只对个别行政系统产生影响的特定环境，例如，学校是影响教育部门的微观环境，地质资源是影响地质部门的微观环境。但需要注意的是，宏观环境和微观环境不是绝对的，而是相对的，是根据具体情况而变化的。[1]

[1] 参见夏书章主编：《行政管理学》，高等教育出版社、中山大学出版社，2018 年版，第 25 页。

第三章 行政职能

在我国，行政职能也被称为政府职能，反映的是行政管理的内容、方向和实质，能够表明政府在国家事务、社会事务中扮演的角色和发挥的作用，是政府进行机构改革的依据。[1]

第一节 行政职能和行政职能体系

一、行政职能的含义和特点

（一）行政职能的含义

行政职能是行政系统“在管理活动中的基本职责和功能作用，主要涉及管什么、怎么管、发挥什么作用的问题”。[2] 作为国家职能的具体执行和体现，行政职能的行使受到立法机关的监督，其他国家职能的实现程度又受到行政职能发挥程度的制约和影响。[3]

行政职能的含义其实涉及四个层面的内容：①行政职能的行使主体是行

[1] 参见夏书章主编：《行政管理学》，高等教育出版社、中山大学出版社，2018 年版，第 50 页。
[2] 参见夏书章主编：《行政管理学》，高等教育出版社、中山大学出版社，2018 年版，第 50 页。
[3] 参见夏书章主编：《行政管理学》，高等教育出版社、中山大学出版社，2018 年版，第 50 页。

政系统，即从中央到地方的各级政府及其职能部门。需要注意的是，我国履行行政职能的主体主要是各级政府及其职能部门，但我国有些事业单位等掌握公共权力的组织并不是政府职能部门，但根据法律法规的授权，确实在履行一定的行政职能。②行政职能涉及的内容非常广泛，包括工业、农业、教育、外交等。③相应主体在履行行政职能时的基本准则是依法行政。④作为国家职能的重要组成部分，行政职能的行使受到立法和司法职能制约的同时，也对国家立法职能、司法职能产生作用和影响。❶

(二) 行政职能的特点

1. 执行性

从行政与立法之间的关系来看，行政职能是执行性的国家职能，❷ 即立法是表达国家意志，行政则是执行国家意志。❸ 尽管现代行政系统具有立法权，但主要是进行执行性立法，执行性是行政职能的基本特点之一。❹

2. 多样性

行政管理所辖事务涉及广泛，既在纵向上涉及不同层次，又在横向上涉及不同领域，还在动态上涉及不同运行职能。❺

3. 差异性

因为各个国家的具体行政环境存在不同程度的差别，例如，政治体制、历史传统、文化环境等各不相同，由此导致各国的行政职能在内容、执行方式、涉及范围等方面存在差异。❻

4. 动态性

要保证行政职能能够正常发挥作用，就要使行政职能适应行政环境的需要。行政环境发生变化就要求行政职能作出相应的调整，以便与行政环境保

---

❶ 参见郑志龙主编：《行政管理学》，高等教育出版社，2011 年版，第 98 页。
❷ 参见夏书章主编：《行政管理学》，高等教育出版社、中山大学出版社，2018 年版，第 50 页。
❸ 参见韩莹莹、胡晓东主编：《行政管理学》，华中科技大学出版社，2013 年版，第 17 页。
❹ 参见郑志龙主编：《行政管理学》，高等教育出版社，2011 年版，第 99 页。
❺ 参见夏书章主编：《行政管理学》，高等教育出版社、中山大学出版社，2018 年版，第 51 页。
❻ 参见曹现强、王佃利主编：《行政管理学》，清华大学出版社，2011 年版，第 59 页。

持动态适应性。[1]

5. 公共性

行政职能的行使是为了维护和实现公共利益，这要求行政系统在管理国家事务、社会事务的过程中要秉持公平原则，一视同仁。[2]

二、行政职能体系

行政职能是一个完整的系统，可以从不同角度对其进行分类。例如，从作用领域来分，可将行政职能分为政治职能、经济职能、文化职能和社会职能；从作用性质来分，可将行政职能分为统治性职能、保卫性职能、管理性职能、服务性职能；从运行过程来分，可将行政职能分为指挥职能、组织职能、协调职能和控制职能等。[3] 其他分类角度在此不作一一阐述。本章从行政职能的静态和动态维度分别探讨行政职能的基本职能和运行职能。[4]

（一）行政管理的基本职能

1. 政治职能

作为维护国家统治的基本职能，维护和巩固国家政权是政治职能的核心，[5] 从内容上可分为对内的维护国家统治和社会秩序职能，对外的保卫国家安全职能；[6] 从性质上分，又可以分为专政和民主两大职能。专政职能表现为行政系统对敌对势力和反社会分子的打击和防范，以保障社会主义建设的顺利进行。具体包括：外交事务，国防事务，惩治犯罪分子，维护正常的政治、经济、社会秩序等，以及承担国际义务。民主职能主要表现为完善民主制度，拓展民主渠道，丰富民主形式，依法保障人民的知情权、参与权、表达权、

---

[1] 参见夏书章主编：《行政管理学》，高等教育出版社、中山大学出版社，2018 年版，第 51 页。
[2] 参见韩莹莹、胡晓东主编：《行政管理学》，华中科技大学出版社，2013 年版，第 17 页。
[3] 参见郑志龙主编：《行政管理学》，高等教育出版社，2011 年版，第 99 页。
[4] 参见郑志龙主编：《行政管理学》，高等教育出版社，2011 年版，第 100 页。
[5] 参见夏书章主编：《行政管理学》，高等教育出版社、中山大学出版社，2018 年版，第 51 页。
[6] 参见曹现强、王佃利主编：《行政管理学》，清华大学出版社，2011 年版，第 60 页。

监督权等。[1]

2. 经济职能

经济职能是指行政系统管理和组织社会经济建设的职能。[2] 经济职能主要包括两类：

（1）“社会经济管理职能”[3]

为经济发展提供良好的制度基础。在市场经济条件下，行政系统需要为市场经济提供制度保障，[4] 鼓励公平竞争，防止欺诈，维持良好的经济秩序。[5]

对社会经济建设进行统筹规划、掌握政策、信息引导、检查监督、服务支持等。[6] 从1953年我国开始执行第一个发展国民经济的五年计划以来，到2020年，已经执行了十三个五年规划，从2021年开始将进入“十四五”规划时期。从五年规划中可以解读出国家在每个五年当中要实现的发展目标、遵循的发展理念、鼓励发展的产业等信息，是对国民经济和社会发展进行规划的典型，同时也是每个五年中政策导向的显性信号。

（2）“国有资产管理职能”[7]

对国有资产进行管理和监督是社会主义国家行政系统特有的一项经济职能，是与社会主义公有制经济主体地位相适应的一项职能。国有资产规模庞大，需要国有资产管理机构代表国家行使国有资产的所有权，但不是对企业实施直接管理，而是重点管理国家投入企业的国有资产，拟定制度，对国有企业资产的保值增值实施监督检查。[8]

3. 文化职能

文化职能是指行政系统依法对民众开展思想道德建设以及对教育、科技、文化、卫生、体育、新闻出版、广播影视等科教文卫事业进行建设与管理的

---

[1] 参见夏书章主编：《行政管理学》，高等教育出版社、中山大学出版社，2018年版，第52页。
[2] 参见夏书章主编：《行政管理学》，高等教育出版社、中山大学出版社，2018年版，第52页。
[3] 参见夏书章主编：《行政管理学》，高等教育出版社、中山大学出版社，2018年版，第52页。
[4] 参见韩莹莹、胡晓东主编：《行政管理学》，华中科技大学出版社，2013年版，第18页。
[5] 参见曹现强、王佃利主编：《行政管理学》，清华大学出版社，2011年版，第60页。
[6] 参见夏书章主编：《行政管理学》，高等教育出版社、中山大学出版社，2018年版，第52页。
[7] 参见夏书章主编：《行政管理学》，高等教育出版社、中山大学出版社，2018年版，第53页。
[8] 参见夏书章主编：《行政管理学》，高等教育出版社、中山大学出版社，2018年版，第53页。

职能。[1] 要坚定文化自信，除了需要有丰厚的经济基础以外，还要对上层建筑实施建设和管理，做到在物质上富足起来的同时，精神建设也同步提升，最好能够做到提升更快，进入更高层面。文化职能的主要内容包括：制定并实施教育和科学文化事业发展的战略和规划；采取措施丰富民众精神生活，提升民族文化创造活力等。[2]

4. 社会职能

社会职能有广义和狭义之分。广义的社会职能与政治职能相对，包括经济职能和文化职能。狭义的社会职能仅指除经济职能和文化职能以外，行政系统对社会公共事务进行管理的职能。本章的社会职能是指狭义的社会职能，主要包括为社会提供公共服务和社会保障，对环境保护、医疗卫生、城市规划、旅游娱乐等进行管理，完善社会保障体系，促进社会福利，维护社会公平等。[3]

党的十八大提出“五位一体”的总体布局，包括经济建设、政治建设、文化建设、社会建设和生态文明建设。我国民众对经济、政治和文化建设的重要性大多较为熟悉，而十八大报告对社会建设和生态文明建设的重视也把行政系统的社会职能的强化摆在了民众面前。这是我国自改革开放以来，经济快速发展到一定程度后的必然要求。随着经济的发展，民众的物质需求得到了前所未有的满足，但是民众面临的问题也越来越多，要想让人民对美好生活的向往成为现实，就需要对人民的生活进行全方位的保障，包括失业保障、患病后的保障、家庭遭遇重大变故后的保障，以及生态环境的保护、改善和提升都是美好生活的应有之义。从目前来看，我国行政系统的社会职能还有待完善和强化。

（二）行政管理的运行职能

行政管理的基本职能是对行政职能的静态分类，各种基本职能要运转起

[1] 参见郑志龙主编：《行政管理学》，高等教育出版社，2011 年版，第 100 页；夏书章主编：《行政管理学》，高等教育出版社、中山大学出版社，2018 年版，第 53 页。

[2] 参见夏书章主编：《行政管理学》，高等教育出版社、中山大学出版社，2018 年版，第 53 页。

[3] 参见夏书章主编：《行政管理学》，高等教育出版社、中山大学出版社，2018 年版，第 53–54 页。

来才能完成行政管理的各项工作，从动态角度可将行政职能分为决策、组织、协调和控制四项运行职能。不管是行政管理的哪一项基本职能都要经过以上环节才能完成运作，尽管不同学者对行政管理的运行职能进行过不同的概括，但最终都可以概括为前述四项运行职能。

1. 决策职能

20世纪50年代，决策职能开始受到重视。著名管理学家赫伯特·西蒙曾强调，管理就是决策，决策贯穿于管理全过程。[1] 需要说明的是，管理不仅仅只有决策，只是决策确实具有非常重要的地位。毕竟不管什么层次的行政管理，不管行政管理的哪项基本职能，其运行都离不开决策。“决策职能是行政管理过程的首要职能。”[2] 行政管理过程其实就是决策制定和决策执行的过程。就决策的性质而言，越是高层的决策，战略性决策就越多；越是基层的决策，执行性决策就越多。此外，战略性决策多为非程序性决策，这种决策往往比较复杂；执行性决策多为程序性决策，相对而言，难度较小。[3]

2. 组织职能

组织职能是为了实现行政管理的目标和任务，建立组织机构，确定职位、职责和职权，协调相互关系，使组织内部各个要素联结成为有机整体，从而使人、财、物得到最佳的使用。[4] 简单来说，组织职能的根本目的在于增强公共行政的整体性和凝聚力，提高行政管理效率。[5] 主要内容包括：做好编制管理，合理设置、调整机构；对行政组织内部人员进行选拔、培训、考核等。[6]

3. 协调职能

协调职能是指排除行政管理过程中的各种障碍，理顺各种关系，以便使行政组织正常运转，顺利实现行政管理目标的各种努力或者活动。[7] 协调职能主要表现为协调各种关系，包括：行政组织之间、组织与个人之间、人员之

[1] 参见夏书章主编：《行政管理学》，高等教育出版社、中山大学出版社，2018年版，第54页。
[2] 参见夏书章主编：《行政管理学》，高等教育出版社、中山大学出版社，2018年版，第54页。
[3] 参见韩莹莹、胡晓东主编：《行政管理学》，华中科技大学出版社，2013年版，第19页。
[4] 参见夏书章主编：《行政管理学》，高等教育出版社、中山大学出版社，2018年版，第55页。
[5] 参见韩莹莹、胡晓东主编：《行政管理学》，华中科技大学出版社，2013年版，第20页。
[6] 参见夏书章主编：《行政管理学》，高等教育出版社、中山大学出版社，2018年版，第55页。
[7] 参见郑志龙主编：《行政管理学》，高等教育出版社，2011年版，第102页。

间的关系；各项行政管理间的关系；行政组织与其他组织、群众间的关系。通过协调职能的发挥，沟通各方，理顺关系，减少乃至消除不必要的冲突和能量消耗，构建和谐工作关系，达到 1+1>2 的效果，推进行政管理目标的实现。[1]

4. 控制职能

控制职能是指按照行政计划确定的标准衡量计划完成情况，发现计划执行的偏差并予以纠正，以确保管理目标得以实现的管理活动。控制职能的发挥其实是几个环节相互关联的结果，包括确立标准、获取计划执行偏差信息、采取纠正措施、实施有效监督等。实施控制职能的前提是设定计划和标准、具备健全的组织机构和有效的控制手段。[2]

根据纠偏措施发挥作用的环节不同，可以将行政控制分为前馈控制（预先控制、事前控制）、现场控制（事中控制）和反馈控制（事后控制）。前馈控制需要管理人员对行政管理过程中可能出现的问题进行预测并采取预防措施。这需要管理人员观察情况、掌握规律、获取信息和积累经验，其优点就是防患于未然，应该说是控制效果最佳的行政控制，但是操作难度较大。现场控制是对计划执行情况进行现场检查以便发现偏差并予以纠正，主要表现为主管人员深入具体活动中进行直接的指导监督。现场控制通常是在偏差已经出现但尚未造成严重后果时发生作用的，这对开展现场控制的主管人员的专业知识、经验等要求较高。反馈控制发生在计划执行出现一定结果时，主管人员通过与计划标准进行比较，发现计划执行的偏差并找出原因，提出纠正措施。反馈控制往往是在损失已经造成的情况下发挥作用，所以不是效果最佳的行政控制，但是因为条件所限，却是最常用的一种行政控制。[3] 反馈控制作用的发挥虽然能在一定程度上挽回损失，但通常很难挽回全部损失，所以其更重要的意义在于为将来的决策制定和执行提供前车之鉴。

---

[1] 参见夏书章主编：《行政管理学》，高等教育出版社、中山大学出版社，2018 年版，第 55 页。

[2] 参见夏书章主编：《行政管理学》，高等教育出版社、中山大学出版社，2018 年版，第 55 页。

[3] 参见曹现强、王佃利主编：《行政管理学》，清华大学出版社，2011 年版，第 65-66 页。

三、研究行政职能的意义

（一）研究行政职能对建立合理的组织系统具有重要意义[1]

任何组织的成员都是为了一定的目标而聚集在一起，尽管这种目标可能明确，可能模糊，可能被组织成员清晰地意识到，可能组织成员都不知道聚在一起是为了什么目标，但是目标是存在的。一般来说，正式组织都有明确的目标，而目标不明确或者不为组织成员清晰意识到目标的通常是非正式组织，而让非正式组织成员聚集在一起的原因通常是共同的兴趣、爱好或者深厚的情感等。

行政组织一定是有明确目标的，因为行政组织是为了执行行政职能而设立的。因此，行政组织及其系统的设立要科学合理，要对行政组织应该管什么、不该管什么、应该管到什么程度的问题进行明确。因为行政组织的设置、规模、层次、数量和运行方式都由其履行的行政职能来决定。[2]

（二）研究行政职能是改革行政组织系统的前提[3]

1982 年，我国进行了改革开放之后的第一次政府机构改革，并且从 1988 年开始，每五年进行一次大规模的政府机构改革，最近一次政府机构改革发生于 2018 年。改革开放之后的 8 次政府机构改革基本上都是在机构合并、调整、裁撤、新建中进行。民众看到的只是机构名称的变化、机构之间的重组，或者新机构的设立等，但是内里却是基于行政职能调整的需要。简言之，机构改革的形式是机构的变化，实质是职能的变化。因此，要保证行政组织的改革是顺应时代需要，是适合相应行政职能发挥的，就要先对行政职能进行充分研究；只有足够了解行政职能，才能判断现有的行政组织体系是否需要改革，怎么改革，以及改到什么程度。

---

[1] 参见夏书章主编：《行政管理学》，高等教育出版社、中山大学出版社，2018 年版，第 56 页。
[2] 参见夏书章主编：《行政管理学》，高等教育出版社、中山大学出版社，2018 年版，第 56 页。
[3] 参见夏书章主编：《行政管理学》，高等教育出版社、中山大学出版社，2018 年版，第 56 页。

(三) 研究行政职能是实现行政管理过程科学化的基础[1]

完整的行政管理过程由在不同领域发挥作用、包含不同环节的行政职能共同组成，不同领域的行政职能相互配合才能实现共同目标，不同环节的行政职能相互协调才能保证行政管理过程的科学性、合理性和顺畅性。因此，只有对行政职能及其相互关系进行科学的认识和把握，才能设计出运行科学、高效的行政管理过程。[2]

第二节　西方国家行政职能的演变

一、前资本主义时期的行政职能（15 世纪初—18 世纪）

前资本主义时期也被称为资本主义原始积累时期，是指从 15 世纪初的西欧封建社会晚期到 18 世纪末资产阶级革命完成以前。这段时期，因为受到重商主义的影响，政府奉行干预主义政策，干预经济活动的手段包括行政手段和立法手段，以及政治手段和外交手段，还包括暴力和军事手段。重商主义政策将国家干预主义推向了顶峰。[3] 此时，西方国家的政治统治职能和社会管理职能的特点是，前者极端强化，后者相对微弱。[4]

二、自由资本主义时期的行政职能（18 世纪末—20 世纪 30 年代）

这一时期，西方国家先后完成了资产阶级革命，进入了自由资本主义时期。因为普遍推崇自由放任的经济政策，相信市场这只“看不见的手”可以

[1] 参见夏书章主编：《行政管理学》，高等教育出版社、中山大学出版社，2018 年版，第 56 页。
[2] 参见夏书章主编：《行政管理学》，高等教育出版社、中山大学出版社，2018 年版，第 56 页。
[3] 参见韩莹莹、胡晓东主编：《行政管理学》，华中科技大学出版社，2013 年版，第 22 页。
[4] 参见夏书章主编：《行政管理学》，高等教育出版社、中山大学出版社，2018 年版，第 57 页。

自动实现资源最佳配置的目标，所以当时的西方认为政府只需要做好一个“守夜人”，不需要干预经济活动。英国古典政治经济学家亚当·斯密在《国富论》中将政府职能限定为三项，简言之，政府只需要保障国家安全、维护社会安全和提供公共服务。[1]

三、垄断资本主义时期的行政职能（20 世纪 30 年代—70 年代）

这一时期，资本主义国家的经济结构发生变化，市场的自我调节能力减弱，资本主义的固有矛盾越来越尖锐。1929—1933 年资本主义世界爆发的经济危机打破了市场万能的神话。因此，英国著名经济学家凯恩斯提出政府不应该只做消极的“守夜人”，还应该是社会秩序和经济生活的积极干预者，尤其是要熟练和有效地利用财政职能影响经济发展。罗斯福“新政”用实践为凯恩斯的观点提供了有力支撑，开创了国家对社会经济进行强力干预的先河。[2] 这一时期，资本主义国家的政治统治职能得以强化，经济和社会职能得以扩大和加强。[3]

四、当代资本主义的行政职能（20 世纪 70 年代至今）

自 20 世纪 70 年代以来，资本主义国家的行政职能的变化可分为两个阶段：一是政府对经济减少干预时期；二是政府对经济实施适度干预时期。因为 20 世纪 70 年代的石油危机引发经济滞胀和高失业率并存，而凯恩斯主义又无法解决，所以新自由主义主张政府应该减少对经济的干预。受此影响，20 世纪 80 年代的英国进行了公共事业私有化运动，但是该运动只是减少了财政赤字，而没有提升公共服务的质量。20 世纪 90 年代，一些新自由主义者转向了新凯恩斯主义，主张政府对经济实施有限干预。[4]

---

[1] 参见韩莹莹、胡晓东主编：《行政管理学》，华中科技大学出版社，2013 年版，第 22 页。

[2] 参见韩莹莹、胡晓东主编：《行政管理学》，华中科技大学出版社，2013 年版，第 22-23 页；夏书章主编：《行政管理学》，高等教育出版社、中山大学出版社，2018 年版，第 58 页。

[3] 参见夏书章主编：《行政管理学》，高等教育出版社、中山大学出版社，2018 年版，第 58 页。

[4] 参见韩莹莹、胡晓东主编：《行政管理学》，华中科技大学出版社，2013 年版，第 23 页。

第三节　改革开放以来中国行政职能的演变

一、中国行政职能转变的必然性和必要性

(一) 发展社会主义市场经济要求行政职能的转变[1]

经济基础决定上层建筑，所以计划经济体制和市场经济体制对政府行政职能的要求必然存在明显差异，以前为适应计划经济体制而设定的行政职能在市场经济体制下必然出现各种不适应，不管是管理内容还是管理方式等都会有很大不同。这要求行政职能必须作出相应调整，才能适应发展社会主义市场经济的需要，才能为社会主义市场经济的发展提供高效率和高质量的服务。我国在行政职能方面主要存在以下问题。

1. 行政职能越位

行政职能越位是指“政府干了不该干的事情和管了不该管的领域”。[2] 行政职能越位主要表现为行政职能超越了政府与市场、社会的界限，具体表现为：政府用行政手段管理经济；政府为（国有）企业决策、掌权；政府介入社会组织内部管理；行政机关使用事业编制，事业单位使用行政编制等。[3] 行政职能越位不仅不利于行政系统在职能方面的优化，也不利于企业和社会组织的自我发展与完善。在党领导一切的前提下，我国行政系统与企业和社会的关系也要寻找到合适的边界。

2. 行政职能错位

行政职能错位是指“政府内部发生的职能混乱现象，即你干我的事，我越你的权，行政职能分工不明确”。[4] 行政职能错位既可以出现在相同政府层

---

[1] 参见夏书章主编：《行政管理学》，高等教育出版社、中山大学出版社，2018 年版，第 60 页。
[2] 参见韩莹莹、胡晓东主编：《行政管理学》，华中科技大学出版社，2013 年版，第 28 页。
[3] 参见韩莹莹、胡晓东主编：《行政管理学》，华中科技大学出版社，2013 年版，第 28 页。
[4] 参见韩莹莹、胡晓东主编：《行政管理学》，华中科技大学出版社，2013 年版，第 29 页。

面的部门之间，也可以出现在不同政府层面之间，即行政职能错位既会发生在横向上，也会发生在纵向上。在横向上，主要表现为同级政府部门之间职能交叉、重叠，进而导致权责脱节、职责不清、效率不高等问题；在纵向上，主要表现为上级对下级越权干预和下级对上级越位干预。[1] 行政职能错位虽然是发生在政府内部，但是调整起来并不容易。这种行政系统内部的消耗最终损害的是民众利益和民众对政府的信任，还是要认真对待、科学调整才行。

3. 行政职能缺位

行政职能缺位是指“一些该由政府管的事没有管或没有管好”。[2] 行政职能缺位主要表现为：市场监管不力，宏观调控不到位，社会管理和公共服务能力有待提升等。[3] 2014 年 7 月，上海福喜食品有限公司（以下简称“上海福喜”）被曝光存在食品安全黑幕事件就属于典型的市场监管不力。上海福喜是美国福喜集团旗下公司，是一家历史悠久的美国公司，虽然在上海福喜事件以前它并不为中国民众所熟知，但是中国民众对其客户却十分熟悉，如肯德基、麦当劳。事发后，众多知名餐饮品牌均迅速终止与上海福喜的合作关系，还有知名餐饮品牌明确表示未曾有过合作。近年来，越来越多的食品安全事件被媒体曝光，食品安全也越来越受到民众的关注。2016 年中央电视台举办的 3·15 晚会也曾曝光外卖平台上的商家实际操作环境十分恶劣、操作人员操作不规范等问题。近年来，我国外卖行业发展十分迅速，各种问题逐渐被曝光，官方媒体给予了更多关注。但不难发现，上海福喜事件和外卖平台上的商家存在的问题都没有在媒体曝光前被行政系统发现并处理，这说明行政系统在市场监管方面的能力、方式等亟待提升和完善。

2020 年的新冠肺炎疫情使中国行政系统的公共服务供给能力面临巨大挑战。为了防控疫情，武汉不得不封城，但是武汉市民生活需要保障，感染新冠病毒后还需要治疗，在疫情暴发后，武汉市已经不能靠本市甚至本省的力量来解决这些问题了，所以才有了全国医护人员驰援武汉，全国人民支援武汉。武汉战胜疫情是武汉人民的胜利，也是中国的胜利，但是其中暴露的问

---

[1] 参见韩莹莹、胡晓东主编：《行政管理学》，华中科技大学出版社，2013 年版，第 29 页。

[2] 参见夏书章主编：《行政管理学》，高等教育出版社、中山大学出版社，2018 年版，第 61 页。

[3] 参见韩莹莹、胡晓东主编：《行政管理学》，华中科技大学出版社，2013 年版，第 28 页。

题也很明显，即当有重大公共卫生事件发生时，武汉市的应对能力显然是不足的。经过此次疫情，武汉市应该重新审视自身的应对能力并解决关键问题，至少应该制订预案，以做到有备无患。

经济发展带来了人民生活的富足，基本公共服务在不同地区、不同人群间存在差异甚至是明显差异的问题引起了国家的重视。为此，2012 年 7 月，国务院正式印发了《国家基本公共服务体系“十二五”规划》，这是新中国成立以来中国在基本公共服务领域编制的第一部国家级专项规划，该规划明确了基本公共服务的内涵和范围，明确了政府是提供基本公共服务的主导者和最终责任者，并确定了到 2020 年争取基本实现基本公共服务均等化的目标。[1] 2017 年，国务院公布了《“十三五”推进基本公共服务均等化规划》，[2] 足见国家对实现基本公共服务均等化的重视。

（二）经济全球化发展趋势要求行政职能的转变[3]

在经济全球化的背景下，中国能否在国际竞争中胜出，政府能力是一项非常关键的软实力。对于我国政府而言，还需要面临不少的调整，主要有：弱化某些职能，包括理顺政府与市场、企业和社会的关系；强化某些职能，主要是安全职能，包括经济安全、政治安全和社会安全；增加某些职能，包括培育生产要素市场、规范市场秩序等。[4]

（三）机构改革以行政职能转变为重要前提和基础[5]

每次政府机构改革开始以后，国务院所属部门的网站上都会公开“三定”方案，即定职能、定机构、定编制，这三项内容是一个组织最核心的内容，但三项内容的确定是有顺序的，首先要确定的是职能。因为履行职能是行政

---

[1] 参见《发改委负责人解答基本公共服务领域首部国家规划》，中国网，http://www.china.com.cn/news/local/2012-07/20/content_25960078.htm，2020 年 10 月 23 日访问。

[2] 参见亢舒：《2020 年基本公共服务均等化总体实现》，东方网，http://news.eastday.com/eastday/13news/auto/news/china/20170303/u7ai6557312.html，2020 年 10 月 23 日访问。

[3] 参见夏书章主编：《行政管理学》，高等教育出版社、中山大学出版社，2018 年版，第 61 页。

[4] 参见夏书章主编：《行政管理学》，高等教育出版社、中山大学出版社，2018 年版，第 61-62 页。

[5] 参见夏书章主编：《行政管理学》，高等教育出版社、中山大学出版社，2018 年版，第 62 页。

组织产生的前提，所以职能是确定另外两项内容的基础。政府机构改革是因为行政职能发生调整才会进行的工作，而行政职能又是因为适应行政环境的变化才需要作出调整，所以为了更好地适应行政环境，更好地为民众、企业等服务，行政职能转变在所难免。

二、中国行政职能转变的内容

（一）行政职能结构的调整

自改革开放以来，中国的经济建设取得了举世瞩目的成就，与行政环境相适应的是政治职能持续弱化，经济、文化、社会职能持续强化，主要表现为：军队和专政机构的大幅度削减表明政府的政治职能在总体上呈弱化趋势，同时政治职能的重心也发生转移，由以阶级斗争为纲转变为促进国家民主和法治建设；经济职能重构，政府逐渐从微观经济管理领域退出等；社会职能强化，开始关注社会保障、贫富分化等问题；文化职能方面注意到民众对文化生活的多元化需求等。[1]

（二）中国行政职能转变的重点

理顺政府与市场的关系，让市场在资源配置中发挥决定性作用。[2] 党的十八届三中全会通过的《中共中央关于全面深化改革若干重大问题的决定》（以下简称《决定》）明确指出："经济体制改革是全面深化改革的重点，核心问题是处理好政府和市场的关系，使市场在资源配置中起决定性作用和更好发挥政府作用。市场决定资源配置是市场经济的一般规律，健全社会主义市场经济体制必须遵循这条规律，着力解决市场体系不完善、政府干预过多和监管不到位问题。"[3]《决定》尽管明确了市场在资源配置中的作用，但并不

---

[1] 参见曹现强、王佃利主编：《行政管理学》，清华大学出版社，2011 年版，第 76-77 页。

[2] 参见夏书章主编：《行政管理学》，高等教育出版社、中山大学出版社，2018 年版，第 63 页。

[3] 参见《中共中央关于全面深化改革若干重大问题的决定（2013 年 11 月 12 日中国共产党第十八届中央委员会第三次全体会议通过）》，中国网，http://www.china.org.cn/chinese/2014-01/17/content_31226494.htm，2020 年 10 月 23 日访问。

表示要弱化政府的作用，而是将政府的作用转移到完善市场体系、宏观调控和政府监管上来。

理顺政府与社会的关系，发挥社会力量在社会事务管理中的作用。❶ 要做到让社会力量在社会事务中充分发挥作用，除了需要政府为社会力量的成长提供良好环境以外，民众观念的转变对于社会力量的成长同样重要。在中国民众看来，有困难找政府是传统思维或者说是固化思维，认为民众个人无法解决的问题由政府来解决是理所应当的，如果政府不解决或者解决不好就是政府未能尽责。这种思维不仅挤压了社会力量的发展空间，而且政府也会不堪重负。就中国民众的习惯来看，社会力量要想获得民众的信任不仅需要时间，而且可能需要很长时间。这不仅要求政府为社会力量处理社会事务提供支持，而且需要提供服务的社会力量本身资质健全，遵纪守法，信息公开，服务水平更高。总之，社会力量往往要比政府的要求做得更好才有机会赢得民众的信任，而这种信任还可能因为个别组织的不良行为受到损害。这就需要政府在为社会力量提供宽松发展环境的同时，做到全方位、全过程监管，让进入行业的社会力量不能违规、不敢违规，由此才能逐渐形成民众信任社会力量的氛围。

理顺中央与地方的关系，充分发挥两方面的积极性。理顺中央与地方关系的基础在于合理划分事权和财权，之后明确中央和地方的职能范围，赋予地方政府更多自主权，中央政府在承担事关全局的职能之外，对地方政府实施监督和提供服务。❷

理顺政府部门间的关系，完善部门权责体系。科学合理地分解行政职能，按照权责一致、分工明确的原则明确各部门的职责，确立明晰的工作责任制和岗位责任制，❸ 做到权责一体，避免有权无责、有责无权、权大责小、权小责大、互相推诿等问题。

---

❶ 参见夏书章主编：《行政管理学》，高等教育出版社、中山大学出版社，2018 年版，第 64 页。
❷ 参见夏书章主编：《行政管理学》，高等教育出版社、中山大学出版社，2018 年版，第 65 页。
❸ 参见夏书章主编：《行政管理学》，高等教育出版社、中山大学出版社，2018 年版，第 66 页。

三、中国行政职能转变的基本方向

(一) 加强制度建设，规范行政职能，建设法治政府[1]

要依法治国，首先政府要依法行政，为民众作出守法表率。为此，要保证制度这种刚性约束足够健全、科学、合理，同时还要加强监督，以确保约束行政权力的制度得到充分遵守，并且还要设有违反制度的惩戒措施，并保证切实可行。[2]

(二) 改善行政职能履行方式，以便民为先，建设便民政府[3]

建设和完善电子政务平台是政府在信息化环境下，完善自身建设，提升政府洞察力、信息获取能力和应变能力，提升服务质量和效率的有力举措。[4]当微博、微信出现以后，很多提供公共服务的部门都推出了本单位的官方微博或者官方微信公众号，以此推送信息、发布通知、接受服务申请等，非常便利。2016 年年底，浙江省率先开始了“最多跑一次”改革；2018 年，浙江省的此项经验在全国推广。这些都是政府为了提升服务的便民性而作出的努力。

(三) 充分调动社会资源，丰富服务提供主体，建设有限政府[5]

2008 年汶川地震发生后，很多社会组织自发前往灾区参与救助和灾后重建，2008 年也因此被称为中国社会组织的元年。尽管从 2008 年开始，社会组织蕴藏的巨大潜力开始受到民众乃至政府的关注，但是由于各种原因，中国社会组织的资源并没有被充分运用。社会组织要运用自身力量为社会做贡献，

---

[1] 参见曹现强、王佃利主编：《行政管理学》，清华大学出版社，2011 年版，第 81 页。

[2] 参见曹现强、王佃利主编：《行政管理学》，清华大学出版社，2011 年版，第 81 页；韩莹莹、胡晓东主编：《行政管理学》，华中科技大学出版社，2013 年版，第 30 页。

[3] 参见曹现强、王佃利主编：《行政管理学》，清华大学出版社，2011 年版，第 81 页。

[4] 参见曹现强、王佃利主编：《行政管理学》，清华大学出版社，2011 年版，第 81 页。

[5] 参见曹现强、王佃利主编：《行政管理学》，清华大学出版社，2011 年版，第 81 页。

一方面需要自身具备各种要件，包括强有力的领导者或者领导者集体、完善的组织结构、健全的组织制度、良好的组织信誉等；另一方面，也需要政府为社会组织松绑，让社会组织具备从事社会活动的合法身份，同时探索既不干涉社会组织内部管理，又能对社会组织实施全方位、全过程监管的有效方法。

(四) 强化公共服务职能，建设服务型政府[1]

在过去，中国政府职能的设定倾向是重管理、轻服务，随着经济的发展，社会事务的增多，民众需求的多元化日益明显，政府提升公共服务供给能力的需求日益显著，主要包括促进基本公共服务均等化、努力增加就业岗位、调整收入分配差距、健全社会保障体系等。[2]

[1] 参见韩莹莹、胡晓东主编：《行政管理学》，华中科技大学出版社，2013 年版，第 30 页。
[2] 参见韩莹莹、胡晓东主编：《行政管理学》，华中科技大学出版社，2013 年版，第 30 页。

第四章 行政组织

我国古籍中的“组织”是指将丝麻制成布帛。现代社会科学意义上的组织是指一个群体，这个群体进行有秩序的活动，活动是为了实现一定的目的。[1] 行政组织也不例外。作为国家实施行政管理的主体和行政权力的载体，行政组织是行使国家权力和推行公务必不可少的工具。因此，设计科学、构架合理的行政组织对于提升行政效能而言至关重要。[2]

第一节 行政组织的含义、特性和类型

一、行政组织的含义与基本要素

（一）行政组织的含义

行政组织是静态结构和动态过程的统一。就动态而言，是指行政组织为了行使权力、履行职责而开展的组织活动和运行过程。[3] 就静态而言，则有广义和狭义之分。广义行政组织是指为了完成行政性任务而担负执行性管理职

---

[1] 参见郑志龙主编：《行政管理学》，高等教育出版社，2011 年版，第 121 页。

[2] 参见曹现强、王佃利主编：《行政管理学》，清华大学出版社，2011 年版，第 154 页。

[3] 参见郑志龙主编：《行政管理学》，高等教育出版社，2011 年版，第 121 页。

能的组织，包括各类企业、事业单位中担负行政管理职能的机构，国家行政机关，国家立法和司法机关中负责行政管理事务的机构。[1] 狭义的行政组织则是指为推行政务而依法组建的国家行政机关体系。本章所讲的行政组织是静态的、狭义的行政组织。[2] 我国的行政组织包括从中央到地方的各级人民政府及其所属部门和单位。[3]

（二）行政组织的基本要素

行政组织是一个由多种要素构成的完整、有机整体，其基本要素包括以下几点。

1. 组织目标

组织目标是组织建立和存在的前提和基础，是组织活动的出发点和落脚点。因此，行政组织的建立必然有其明确的目标，而且其目标是一个由从上到下，从宏观到微观的各个子目标、分目标构成的目标体系。[4] 需要注意的是，各个子目标、分目标之间要相互协同才能构成一个和谐统一的目标体系，尤其不能出现相互冲突的子目标或者分目标。组织目标的多少和重要程度决定了行政组织的机构数量和地位，也决定了行政组织活动的方向、范围及内容。[5]

2. 机构设置

作为行政组织的实体，机构是行政组织履行职能、实现目标的载体。行政组织建设的中心内容就是设置科学合理、精干高效的行政机构。[6] 而行政组织科学化的基本标志是合理的层次划分、部门配置、岗位设置。当代政府职能的扩张意味着政府活动范围的扩展，这就决定了行政组织从简单走向复杂，甚至机构臃肿，极大限制了行政组织的活动效率。[7]

---

[1] 参见韩莹莹、胡晓东主编：《行政管理学》，华中科技大学出版社，2013 年版，第 35 页；夏书章主编：《行政管理学》，高等教育出版社、中山大学出版社，2018 年版，第 67 页。

[2] 参见夏书章主编：《行政管理学》，高等教育出版社、中山大学出版社，2018 年版，第 67 页。

[3] 参见郑志龙主编：《行政管理学》，高等教育出版社，2011 年版，第 121 页。

[4] 参见夏书章主编：《行政管理学》，高等教育出版社、中山大学出版社，2018 年版，第 68 页。

[5] 参见郑志龙主编：《行政管理学》，高等教育出版社，2011 年版，第 123 页。

[6] 参见夏书章主编：《行政管理学》，高等教育出版社、中山大学出版社，2018 年版，第 68 页。

[7] 参见郑志龙主编：《行政管理学》，高等教育出版社，2011 年版，第 123 页。

3. 人员构成

行政组织要履行行政职能，开展管理活动，实现行政管理目标终究还是要靠人来完成，所以行政组织的必备要素之一就是合理的人员构成。行政组织内部工作人员的素质或者状况将对行政组织效能产生直接影响。但是作为个体的人是千差万别的，因此，需要行政组织根据本组织的事务性质和行政管理对象的特质，有目的地选择符合岗位要求的人员进入组织。[1] 人力资源是现代最有价值的资源，选对人，就为行政组织目标的实现奠定了最宝贵的基础。例如，中国每年的国家公务员考试就是为了选拔合适的人到合适的工作岗位，为行政组织履行行政职能补充人力资源的例行事务。国家公务员的选拔不仅设置笔试，而且设置面试，还设置了政审环节，所有环节的设置都是为了挑选出最适合岗位要求的人才进入政府，以便实现为人民服务的宗旨。

4. 权责体系

作为履行职能的前提条件，没有权力就无法履行职能，但权力是一把双刃剑，不受制约、不用承担责任的权力必然造成权力滥用的后果，所以有权就要有责，权责对等是行政管理的基本原理。[2] 权责体系规定了上下级之间领导和服从的关系，也规定了平级之间的协作配合关系，由此才能打造出良好的工作秩序和稳定的工作关系。[3] 但是要把权力约束好、使用好，只靠掌权者的自觉是无法实现的，所以要“把权力关进制度的笼子里”，用制度约束权力，用制度管理权力，用制度使用权力，将权力和责任通过制度予以明确，以此保证权责体系的权威性和严肃性。此外，掌权者在行使权力前能够清楚地意识到滥用权力将要承担的后果，责任的具体化能够让掌权者对权力的使用更加慎重。

5. 法规制度

法规制度是行政组织依法行政的根本保障，同时，法规制度的完善程度也是行政组织健全与否的衡量标准之一。[4] 因此，健全的行政组织，一方面，

---

[1] 参见曹现强、王佃利主编：《行政管理学》，清华大学出版社，2011 年版，第 157 页。

[2] 参见韩莹莹、胡晓东主编：《行政管理学》，华中科技大学出版社，2013 年版，第 37 页。

[3] 参见郑志龙主编：《行政管理学》，高等教育出版社，2011 年版，第 123 页。

[4] 参见夏书章主编：《行政管理学》，高等教育出版社、中山大学出版社，2018 年版，第 68 页。

要有健全的法规制度为其依法行政奠定基础；另一方面，组织成员的行为要遵守共同的制度性规定，从而保证行政组织的活动协调、统一、有效。[1]

6. 物质资源

一个行政组织的正常运转除了需要有人力资源以外，还需要有财和物这类物质资源，包括办公场所、办公设备、行政经费等。[2] 行政组织不同于其他组织，其在物质资源方面的保障程度对国家和社会的影响是直接的。通常而言，对行政组织的物质资源投入数量过少，可能造成行政组织无法正常开展日常工作，甚至可能引发行政组织为了缓解自身经费紧张而制造项目乱收费；反之，对行政组织的物质资源投入数量过多，又会影响国家对社会公共服务方面的投入，还会助长行政组织追求奢华的不良风气。因此，对行政组织的物质资源的投入要适中。[3]

7. 文化要素

相对于前述要素而言，行政组织的文化要素是一个更加深层的要素，包括组织的价值观念、心理倾向等。文化要素能够体现行政组织成员对该组织的认同感和责任感，对组织成员的行为会产生潜移默化的影响。[4] 如果一个组织内部的整体氛围是努力工作、专心钻研业务，那么这个组织的工作效率、工作效能以及组织成员的工作态度都会很优秀，至少不会差；相反，如果一个组织内部的整体氛围是躲避工作、喜爱钻营，那么这个组织的工作效率、工作效能以及组织成员的工作态度将无法想象，至少不是表面看起来那样光鲜，而且还会稀释掉愿意努力工作、认真钻研业务的成员的努力，并且让这类成员疲于应付各类无用的事务。显然，这不是国家和民众希望看到的行政组织。因此，在行政组织内部培育健康向上、积极进取的文化要素，对一个行政组织而言，既务虚，又务实。

---

[1] 参见曹现强、王佃利主编：《行政管理学》，清华大学出版社，2011 年版，第 157 页。
[2] 参见曹现强、王佃利主编：《行政管理学》，清华大学出版社，2011 年版，第 157 页。
[3] 参见曹现强、王佃利主编：《行政管理学》，清华大学出版社，2011 年版，第 157 页。
[4] 参见曹现强、王佃利主编：《行政管理学》，清华大学出版社，2011 年版，第 157 页。

二、行政组织的特性

行政组织掌握行政权力，履行行政职能，与其他类型的组织相比具有显著特征。

（一）政治性和社会性

为推行政务而组建的行政组织是统治阶级维护阶级利益的工具，所以政治性是其本质属性。但是行政组织承担的行政职能中包括社会职能，即管理公共事务，提供公共服务，所以行政组织又不可避免地具有社会性。[1]

（二）法制性和权威性

行政组织的法制性是指行政组织的设立、撤销、变更、职能范围、机构设置、人员编制等都必须遵守法律规定，行政组织及其工作人员的行为也必须在法定权限内，依照法定程序进行。[2] 另外，我国大约 80% 的法律都由行政组织负责组织实施，可谓任务繁重。[3] 行政组织代表国家行使行政权力，它以国家法律和权力为后盾，对各类社会组织和个人具有普遍约束力和权威性，因此，行政组织具有权威性。[4]

（三）系统性和动态性

行政组织的系统性是指，一方面，行政组织以其不同的职能任务和组织结构在国家体系中成为一个相对独立的有机体，但是又与国家立法和司法机关相互关联和相互作用；另一方面，行政组织本身由纵向上的不同层级、横向上的不同部门以及诸多人员组成，各层级、各部门、各岗位的工作人员承担不同的任务，各司其职，但是又相互配合，协作完成行政组织的目标。而

---

[1] 参见夏书章主编：《行政管理学》，高等教育出版社、中山大学出版社，2018 年版，第 68 页。
[2] 参见韩莹莹、胡晓东主编：《行政管理学》，华中科技大学出版社，2013 年版，第 36 页。
[3] 参见曹现强、王佃利主编：《行政管理学》，清华大学出版社，2011 年版，第 159 页。
[4] 参见夏书章主编：《行政管理学》，高等教育出版社、中山大学出版社，2018 年版，第 69 页。

行政组织又要适应外部行政环境的变化不断进行改革和调整，所以行政组织又具有动态性特征。[1] 行政组织以自身的不断完善与外部行政环境保持动态的适应性。

三、行政组织的类型

按照法律地位、功能作用对行政组织进行分类，可以分为领导机构、执行机构、派出机构等。[2]

（一）领导机构

领导机构是指在中央和地方政府中统辖全局的决策核心，[3] 是中央政府或者地方政府中统辖全局的首脑机关。[4] 我国行政组织的领导机构是指中央的国务院全体会议和常务会议，地方的省级政府全体会议和常务会议等。[5] 作为行政组织的中枢，领导机构负责对辖区内的行政工作实施统一领导，就辖区内的重大事务进行决策并监督决策的实施。[6]

（二）执行机构

执行机构，亦称职能机构，是在领导机构的领导下分管专门行政事务的行政组织。[7] 执行机构还被称为本部机关或者运作机构，作为行政组织中的业务部门，执行机构负责政策的具体实施，是完成组织目标的直接实施者。大部分行政组织都是执行机构，如我国国务院所属各部、委、直属局，地方政府所属的厅、局、处等。[8]

---

[1] 参见郑志龙主编：《行政管理学》，高等教育出版社，2011年版，第122页。
[2] 参见郑志龙主编：《行政管理学》，高等教育出版社，2011年版，第128页。
[3] 参见郑志龙主编：《行政管理学》，高等教育出版社，2011年版，第128页。
[4] 参见曹现强、王佃利主编：《行政管理学》，清华大学出版社，2011年版，第168页。
[5] 参见郑志龙主编：《行政管理学》，高等教育出版社，2011年版，第128页。
[6] 参见曹现强、王佃利主编：《行政管理学》，清华大学出版社，2011年版，第168页。
[7] 参见夏书章主编：《行政管理学》，高等教育出版社、中山大学出版社，2018年版，第72页。
[8] 参见曹现强、王佃利主编：《行政管理学》，清华大学出版社，2011年版，第168页。

（三）监督机构

监督机构是对行政组织及其活动进行监督检查的执法性机构，例如，审计机构，其作用在于促使行政组织及其工作人员依法行政、忠于职守，[1] 是行政组织专门实施自我监督的机构，对于完善行政组织自律机制，发挥行政组织自我检查、自我监督、自我约束的作用意义重大。

（四）咨询机构

咨询机构即智囊机关、参谋机关，通常由专家学者和有丰富实践经验的政府官员组成，为领导机构或者行政首长提供建议和方案。[2] 咨询机构不是执行机构，也不是秘书班子，其基本职能是调查预测、参谋咨询等，[3] 现代行政对智囊的依赖程度越来越深。[4] 2020 年 1 月，中国暴发了新冠病毒引发的疫情，此次疫情是新中国成立以来，传播速度最快、感染范围最广、防控难度最大的一次疫情，[5] 可以说是新中国成立以来中国人民在公共卫生领域面临的最严峻的一次考验。事实上，自新中国成立以来中国人民一直在经受各种考验，但是在中国共产党的领导下，中国人民经受住了考验，中国人民也会经受住此次疫情的考验，但前提是科学防控、科学治疗。然而，在疫情初起时，普通民众对新冠病毒不了解，也不重视，甚至前期专家对是否人传人的判断与包括钟南山、李兰娟院士在内的高级别专家组的判断都不一致，这恐怕也是疫情初起时民众不重视的原因之一。好在高级别专家组得出了正确判断，并且李兰娟院士明确建议对武汉实施封城，才使病毒扩散范围得到有效控制。事实证明，封城决定是正确的。有了武汉的前车之鉴，当 2020 年 7 月乌鲁木齐发生疫情、2020 年 9 月瑞丽发现输入性确诊病例后都曾采取封城措施，但

---

[1] 参见夏书章主编：《行政管理学》，高等教育出版社、中山大学出版社，2018 年版，第 72 页。

[2] 参见郑志龙主编：《行政管理学》，高等教育出版社，2011 年版，第 128-129 页。

[3] 参见夏书章主编：《行政管理学》，高等教育出版社、中山大学出版社，2018 年版，第 72 页。

[4] 参见曹现强、王佃利主编：《行政管理学》，清华大学出版社，2011 年版，第 169 页。

[5] 参见《习近平：新冠肺炎疫情是新中国成立以来在我国发生的传播速度最快 感染范围最广 防控难度最大的一次重大突发公共卫生事件》，第 1 健康报道，http://www.dyjkbd.com/xjk/2020-02-23/7521.html，2020 年 11 月 2 日访问。

是封城时间长度有所区别。应该说，在此次战“疫”中，专家的建议对疫情防控和患者的治疗都是至关重要的，中国共产党和中国政府非常尊重专家的建议，这是战“疫”胜利的基础。

(五) 信息机构

信息机构是负责信息搜集、加工、传递、贮存的服务机构，其职责是为领导机构和其他部门提供信息和沟通情况。统计局、资料室、档案室、信息中心等都是常见的信息机构。[1] 信息机构是为领导机构作出正确决策提供信息支持的，毕竟，要想作出正确决策，首先要了解发生了什么问题，问题的性质、波及范围、程度等都需要了解清楚，这是作出正确决策的基础。而这些基本信息是由信息机构负责收集、整理和分析的，所以信息机构收集的信息是否全面、真实，将直接关系到领导机构的决策正确与否。

我国民众比较熟悉的信息采集工作应该就是人口调查了。人口调查对于制订国民经济和社会发展计划具有十分重要的参考意义。2019 年 11 月，国务院发布通知，决定在 2020 年进行第七次全国人口普查。[2] 我国每十年进行一次人口普查，其他年份进行抽查。遇到人口普查的年份，要对符合条件的所有人员进行调查，而不是只对符合条件的部分人员进行抽查。

(六) 辅助机构

辅助机构是为协助领导工作而设置的，共有两种类型：①设置于政府内部的办公厅（室），履行参与政务、处理事务、搞好服务的职能，它对各执行机构没有直接指挥权，但经过授权，可以代表行政首长。②协助首长处理专门事务或者特别事务的办公机构。例如，国务院侨务办公室、港澳事务办公室等，这类辅助机构经首长授权，可以对外发布通知、下达指示等。[3] 辅助机构是事务机构、协调机构、参赞机构，不是实作机构、管辖机构、决定机构，

---

[1] 参见夏书章主编：《行政管理学》，高等教育出版社、中山大学出版社，2018 年版，第 72 页。

[2] 参见《国务院决定于 2020 年开展第七次全国人口普查》，中国新闻网，http://www.hi.chinanews.com.cn/hnnew/2019-11-09/506027.html，2020 年 11 月 3 日访问。

[3] 参见夏书章主编：《行政管理学》，高等教育出版社、中山大学出版社，2018 年版，第 72 页。

所以只是研究问题、搜集信息、设计方案、提供建议等，为时间、精力和知识技能有限的首长提供服务。❶

（七）派出机构

派出机构不是一级政府行政机关，而是一级政府根据政务管理的需要，依法按照管辖地区授权委派的代表机关，派出机构的权力是委派机关的延伸。派出机构主要承担承上启下的管理职能，即督促检查辖区内行政机关贯彻执行行政上级的决议、指示，并向委派机关报告辖区内行政机关的情况、意见，还要完成委派机关交办的其他事务。❷ 我国的派出机构有省政府下设的行政公署、县政府下设的区公所等，❸ 以及城市里的街道办事处、派出所等。❹

第二节　行政组织的结构

行政组织结构是指“构成行政组织各要素的配合和排列组合方式”，❺ 包括行政组织各成员、单位、部门和层级间的分工协作与联系、沟通方式。在行政组织的结构中，纵向和横向的结构最为重要，它们确定了行政组织的基本框架。❻ 管理幅度构成了行政组织的横向结构，管理层次构成了行政组织的纵向结构，管理幅度和管理层次是影响行政组织结构形态的两个决定性因素。❼

---

❶ 参见曹现强、王佃利主编：《行政管理学》，清华大学出版社，2011 年版，第 169 页。
❷ 参见曹现强、王佃利主编：《行政管理学》，清华大学出版社，2011 年版，第 169-170 页。
❸ 参见夏书章主编：《行政管理学》，高等教育出版社、中山大学出版社，2018 年版，第 73 页。
❹ 参见韩莹莹、胡晓东主编：《行政管理学》，华中科技大学出版社，2013 年版，第 39 页。
❺ 参见夏书章主编：《行政管理学》，高等教育出版社、中山大学出版社，2018 年版，第 73 页。
❻ 参见夏书章主编：《行政管理学》，高等教育出版社、中山大学出版社，2018 年版，第 73 页。
❼ 参见曹现强、王佃利主编：《行政管理学》，清华大学出版社，2011 年版，第 170 页。

一、管理幅度与管理层次

（一）管理幅度

行政组织的管理幅度是指“一级行政机关或一名上级领导者直接领导和指挥的下级单位或工作人员的数量”。[1] 管理幅度的宽窄并没有一个确定的标准，工作性质、工作环境、授权程度、管理者的才能、被管理者的素质等都会对管理幅度产生影响，[2] 但是管理幅度依然需要一个限度，管理幅度过大或者过小都会影响管理效能。[3]

管理幅度受到诸多因素的影响。管理学家格兰丘纳斯认为，在确定管理幅度时应当考虑管理者与下级之间可能发生的潜在的相互作用数。[4] 格兰丘纳斯发现管理幅度和上下级之间的联系数存在指数函数关系。[5] 他将上下级之间的联系分成三种类型：直接单独联系、直接团体联系、交叉联系。他认为，每增加一个下属，直接单独联系的数量会按照算术级数增加，但是相应的联系总数会按照指数比例增加，并且提出了一个计算联系总数的公式：$C=n[2^{n-1}+(n-1)]$。其中，C 表示联系总数，n 表示上级的管理幅度，即下属的数目。通过公式可以看出，随着上级管理幅度的拓宽，联系总数会急剧上升。因此，他认为，管理幅度的最佳宽度是 4 人，5 人是上限。基层的管理幅度可以宽一些，上层的管理幅度则应该窄一些。[6] 早期学者十分关注管理幅度的问题，观点也莫衷一是，但一般都比较认可较窄的管理幅度。管理幅度在当代则呈现扩大趋势，从 6 人扩展至 12 人。[7]

一般而言，影响管理幅度的因素通常包括以下四种：①管理层次，在组

[1] 参见夏书章主编：《行政管理学》，高等教育出版社、中山大学出版社，2018 年版，第 74 页。

[2] 参见曹现强、王佃利主编：《行政管理学》，清华大学出版社，2011 年版，第 170 页。

[3] 参见夏书章主编：《行政管理学》，高等教育出版社、中山大学出版社，2018 年版，第 74 页。

[4] 参见马建川、翟校义著：《公共行政原理》，河南人民出版社，2002 年版，第 141 页。

[5] 参见彭国甫著：《行政组织学》，湖南师范大学出版社，1990 年版，第 83 页。转引自马建川、翟校义著：《公共行政原理》，河南人民出版社，2002 年版，第 141 页。

[6] 参见马建川、翟校义著：《公共行政原理》，河南人民出版社，2002 年版，第 141-142 页。

[7] 参见马建川、翟校义著：《公共行政原理》，河南人民出版社，2002 年版，第 142 页。

织环境不变的情况下，二者成反比关系。②事务难易程度与规范程度。如果管理的事务属于简单、稳定、例行性的事务，制度健全而且执行有效，权责明确，则管理幅度可以宽一些；反之，则应收窄。③行政组织成员的素质。这需要考虑管理者和被管理者双方的素质，如果双方素质高、能力强，则管理幅度可以宽一些；反之，则应收窄。④管理手段的先进性和信息传递速度。如果办公条件优越，管理手段先进，信息传递速度快，则管理幅度可以宽一些；反之，则应收窄。[1] 机械化程度较高的工厂里的流水线往往采用较宽的管理幅度，一条生产线的负责人可以管理几十名员工甚至更多员工。因为流水线上的作业通常工作任务非常简单，而且只专注于一道工序，这就决定了每条生产线不需要更多管理者，一人足矣，即便是几条生产线由一名管理者负责也不足为奇。

（二）管理层次

行政组织的管理层次，也被称为管理层级，是指行政“组织的纵向等级结构和层级数目”。[2] 与管理幅度一样，管理层次的设置也需要适当，管理层次过多或者过少都会影响行政效率。管理层次过多，工作人数、设备、费用、手续等都会增加；而管理层次过少，上层管理者事务增加、精力有限的情况下就会疲于应付。行政组织中的管理层次设置以三层或者四层居多，大部分国家的政府通用的是三级建制，如部、局、处，中国从中央政府到地方政府则有国务院、省、县、乡四级管理层次。[3] 这里的县是指省直管县。而在市管县的地方，在省和县之间还有一级市政府设置，这就形成了国务院、省、市、县、乡五级管理层次。

（三）管理幅度和管理层次的关系

管理幅度和管理层次关系密切，管理幅度在很大程度上决定了组织的管理层次和管理人员的数目。在一个特定组织内，在任务和人员不变的情况下，

[1] 参见马建川、翟校义著：《公共行政原理》，河南人民出版社，2002 年版，第 142-143 页。
[2] 参见曹现强、王佃利主编：《行政管理学》，清华大学出版社，2011 年版，第 170 页。
[3] 参见曹现强、王佃利主编：《行政管理学》，清华大学出版社，2011 年版，第 170 页。

管理幅度和管理层次成反比关系。拓宽管理幅度，管理层次减少；收窄管理幅度，管理层次增加。❶

二、组织结构的基本模式

组织结构的模式有很多种，包括直线制组织模式、直线参谋制组织模式、直线职能制组织模式、事业部制组织模式、矩阵制组织模式等，本章只介绍组织结构的前三种基本模式。

（一）直线制组织模式

作为最早、最简单的组织结构模式，直线制组织（Linear Organization）是一种集权模式。直线制组织中的各种职务按垂直系统直接排列，一个人一个上级，完全奉行统一指挥原则。❷ 直线制组织模式如图 4-1 所示。

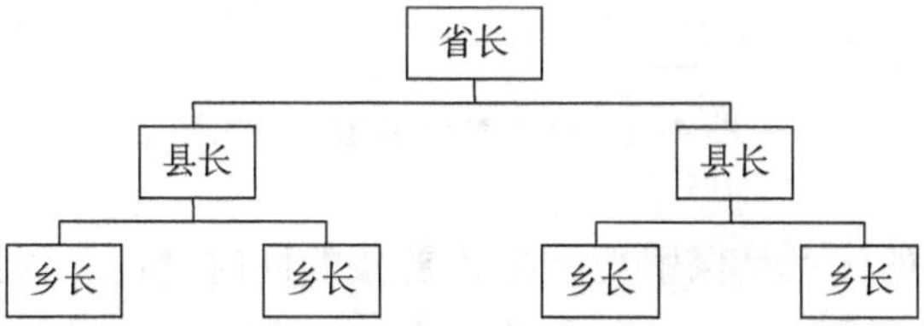

图 4-1 直线制组织模式❸

直线制组织结构的优点非常明显，即结构简单、权力集中、责任明确、命令统一、沟通便捷。但是缺点也很明显，因为没有参谋部门或者职能部门，每一层级的管理职能都由一人承担，这要求管理者是全能型人才，胜任工作的前提是其必须具备与其直属下级所有工作有关的知识和经验，在组织规模较大时，管理者应对工作就会十分吃力。❹

---

❶ 参见马建川、翟校义著：《公共行政原理》，河南人民出版社，2002 年版，第 142-143 页。
❷ 参见刘俊生主编：《管理学》，中国政法大学出版社，2009 年版，第 150 页。
❸ 参见刘俊生主编：《管理学》，中国政法大学出版社，2009 年版，第 151 页。
❹ 参见刘俊生主编：《管理学》，中国政法大学出版社，2009 年版，第 151 页。

（二）直线参谋制组织模式

直线参谋制组织（Line-Staff Organization）是在直线制组织基础上发展而来的，其特点是保留两套系统，即在直线等级的基础上，设置参谋系统，为相对应的各级管理者出谋划策，这样既能保证直线制组织模式命令统一、行动迅速的优势，又能弥补其管理者疲于应付的缺陷。各级参谋人员只有参谋权，没有决策权和对直线人员的指挥权。[1] 直线参谋制组织模式如图 4-2 所示。

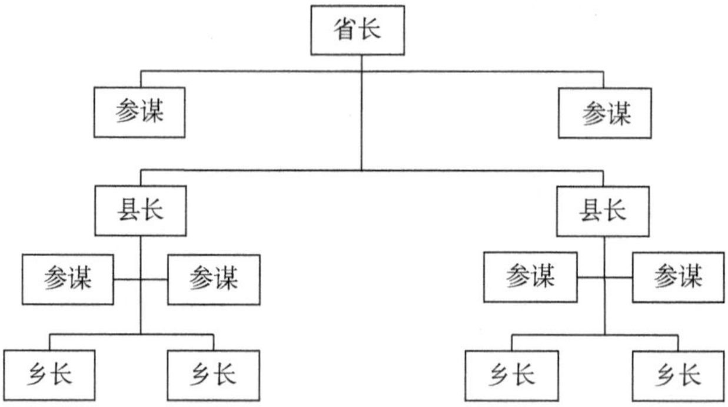

图 4-2　直线参谋制组织模式[2]

直线参谋制的优点是保留统一指挥链条的同时增设了参谋系统，以为直线管理者提供支持和帮助，弥补直线管理者在知识和经验方面的不足。而缺点是，在管理日益专业化的情况下，管理者依然负担过重，参谋人员的存在依然无法完全解决这个问题。[3]

（三）直线职能制组织模式

直线职能制组织（Line-Function Organization）是对直线参谋制组织的扩展和深化，这种组织模式吸收了直线制和直线参谋制组织模式的优点，既保留了直线指挥系统，又设置了专业化的职能部门。各方面的专家充实到职能部门当中，对直线管理者负责。通常情况下，职能部门对下级直线组织没有

[1] 参见刘俊生主编：《管理学》，中国政法大学出版社，2009 年版，第 151 页。
[2] 参见刘俊生主编：《管理学》，中国政法大学出版社，2009 年版，第 152 页。
[3] 参见刘俊生主编：《管理学》，中国政法大学出版社，2009 年版，第 152 页。

行政上的领导关系，职能部门在对直线管理者履行参谋职能的同时，对下级直线组织按照专业分工进行业务指导。但实际上，职能部门的职责经常超越前述范围。❶ 直线职能制组织模式如图 4-3 所示。

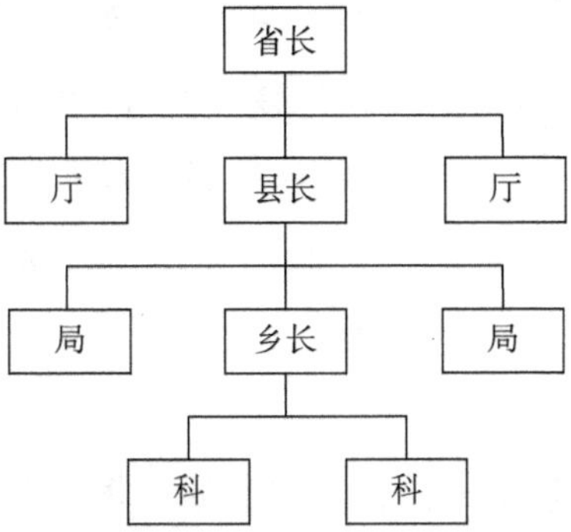

图 4-3　直线职能制组织模式❷

直线职能制组织模式在保证命令统一的同时，发挥了专家的作用，这既避免了直线管理者从事高度专业化的工作，又为直线管理者从事更重要的工作提供了更多的时间。虽然这种组织结构模式下会产生部门间的矛盾，但是依然是迄今应用最为广泛的组织结构模式。❸

第三节　行政组织的体制

行政组织体制是指“将行政组织结构中各层次、各部门之间的行政关系制度化所形成的组织形式”，❹ 主要包括以下形式。

一、首长制和委员会制

以作出行政决策和承担行政责任的人数为依据进行划分，行政组织体制

❶ 参见刘俊生主编：《管理学》，中国政法大学出版社，2009 年版，第 152 页。
❷ 参见刘俊生主编：《管理学》，中国政法大学出版社，2009 年版，第 153 页。
❸ 参见刘俊生主编：《管理学》，中国政法大学出版社，2009 年版，第 153 页。
❹ 参见曹现强、王佃利主编：《行政管理学》，清华大学出版社，2011 年版，第 173 页。

可分为首长制和委员会制。[1]

(一) 首长制

首长制，亦称独任制，是指一个组织的最高行政决策权和责任均由一人承担的行政组织体制。美国的总统制是典型的首长制，总统一人独自掌握行政实权，国务院是其部属，国务会议只是起到咨询作用。例如，美国总统亚伯拉罕·林肯有一次召集 7 位部长开会，他的一项建议虽然遭到 7 人反对，但他依然力排众议。[2]

(1) 优点

首长制事权集中、责任明确、行动迅速、指挥统一、易于保密等优点，所以首长制之下的行政活动扯皮少、活力足、效率高。[3]

(2) 缺点

行政首长的权力过大，缺少监督和制约，所以首长制可能导致独断专行局面的出现。另外，行政首长个人的能力、智力和精力的有限性，会使行政决策和行政效能受到影响。[4]

(二) 委员会制

委员会制，亦称合议制，是指一个组织的最高行政决策权和责任由委员会议集体承担的行政组织体制。瑞士的联邦政府就是典型的委员会制，所有行政事务都由联邦行政委员会的 7 名委员集体讨论决定，瑞士联邦委员会总统（亦称“主席”）只是名义上的国家元首，并没有权力决定大政方针。[5]

(1) 优点

委员会制聚集了拥有不同经验和专长的人员，所以能搜集更全面的信息与资料，不同想法得以表达，集思广益，能够降低个人偏见的影响，所以对

---

❶ 参见曹现强、王佃利主编：《行政管理学》，清华大学出版社，2011 年版，第 173 页。

❷ 参见曹现强、王佃利主编：《行政管理学》，清华大学出版社，2011 年版，第 173 页。

❸ 参见曹现强、王佃利主编：《行政管理学》，清华大学出版社，2011 年版，第 173 页。

❹ 参见曹现强、王佃利主编：《行政管理学》，清华大学出版社，2011 年版，第 173 页。

❺ 参见曹现强、王佃利主编：《行政管理学》，清华大学出版社，2011 年版，第 173 页。

决策更加有利；由于决策者和执行者的观点都有机会表达，所以执行决策时的心理条件更佳；避免了权力的过分集中。[1]

（2）缺点

事权不专一，责任不明确；决策迟缓；委员间地位平等，权责相同，容易导致相互排挤，同时，委员可能为了维护和谐的关系而避免发表反对意见，所以决策质量可能欠佳；责任的分担可能导致冒险决策。[2]

（三）首长制和委员会制的区别与联系

首长制和委员会制的最大区别在于，首长制是多数人服从行政首长，多数人的意见可以不被行政首长采用。委员会制则是少数服从多数，行政首长也必须服从多数人的意见。[3]

首长制和委员会制各有利弊，尽管当代行政组织更偏向于首长制，但两种体制其实各有用武之地。通常认为，首长制适合于执行和指挥事务；委员会制适合于立法和决策事务。在当代行政组织中，两种体制正在相互融合。首长制的行政首长在处理问题时往往依靠专门委员会的协助；委员会制也朝着责任主体明确化方面发展。[4]

根据宪法规定，中国“国务院实行总理负责制。各部、各委员会实行部长、主任负责制”。[5]“地方各级人民政府实行省长、市长、县长、区长、乡长、镇长负责制。”[6] 此设置有三个特点：①遇到重大问题集体讨论、首长定夺；②日常行政事务则由首长决定；③行政责任由行政首长单独承担。[7] 这种体制的设置既明确了责任的承担主体，即行政首长，又让领导集体中的其他成员在重大问题中有发言权，便于在重大决策中集思广益，还保证了日常行

[1] 参见曹现强、王佃利主编：《行政管理学》，清华大学出版社，2011 年版，第 173 页。

[2] 参见曹现强、王佃利主编：《行政管理学》，清华大学出版社，2011 年版，第 173 页。

[3] 参见曹现强、王佃利主编：《行政管理学》，清华大学出版社，2011 年版，第 173 页。

[4] 参见曹现强、王佃利主编：《行政管理学》，清华大学出版社，2011 年版，第 174 页。

[5] 参见《中华人民共和国宪法》（2018），第八十六条，共产党员网，http://news.12371.cn/2018/03/22/ARTI1521673331685307.shtml，2020 年 11 月 3 日访问。

[6] 参见《中华人民共和国宪法》（2018），第一百零五条，共产党员网，http://news.12371.cn/2018/03/22/ARTI1521673331685307.shtml，2020 年 11 月 3 日访问。

[7] 参见郑志龙主编：《行政管理学》，高等教育出版社，2011 年版，第 128 页。

政事务处理的效率性。

二、层级制和职能制

以行政组织内部各单位的职权性质和范围为依据进行划分，行政组织体制可分为层级制和职能制。[1]

（一）层级制

层级制是指行政组织在纵向上分为若干层级，每一个层级所管辖的业务性质相同，对上级负责，管辖范围随层级下降而缩小的行政组织体制。例如，中国从中央到地方的各级政府的设置就是层级制。[2]

层级制的优点是：权力集中，指挥统一，上下协调；[3] 缺点是：各级行政首长管辖事务过多，责任过重，可能无法完全胜任。[4]

（二）职能制

职能制是指将行政组织平行分为若干部门，不同部门的业务性质不同、管辖范围大致相同的行政组织体制。例如，中国国务院下属的各部、委，省政府下属的各厅、局等，同级别部门的地位相等，但工作内容不同。[5]

职能制的优点是：术业专攻，各司其职，协助行政首长集中精力抓主要问题，提高行政效率；[6] 缺点是：容易造成部门分割，协调不畅。[7]

（三）层级制和职能制的联系

二者各有优缺点，相互结合，便能取长补短。在规模较大的组织中，往

[1] 参见曹现强、王佃利主编：《行政管理学》，清华大学出版社，2011 年版，第 174 页。
[2] 参见曹现强、王佃利主编：《行政管理学》，清华大学出版社，2011 年版，第 174-175 页。
[3] 参见曹现强、王佃利主编：《行政管理学》，清华大学出版社，2011 年版，第 175 页。
[4] 参见曹现强、王佃利主编：《行政管理学》，清华大学出版社，2011 年版，第 175 页。
[5] 参见曹现强、王佃利主编：《行政管理学》，清华大学出版社，2011 年版，第 175 页。
[6] 参见曹现强、王佃利主编：《行政管理学》，清华大学出版社，2011 年版，第 175 页。
[7] 参见曹现强、王佃利主编：《行政管理学》，清华大学出版社，2011 年版，第 175 页。

往是层级制和职能制相互兼容。例如，中国从中央到地方各级政府的设置就是层级制，但是每一级政府都平行设有很多职能部门则是职能制。[1]

三、集权制和分权制

以行政组织上级和下级的权限分配为依据进行划分，行政组织体制可分为集权制和分权制。[2]

（一）集权制

集权制是指行政权力集中于上级，下级没有或者很少有自主权，重大决策皆由上级决定，下级必须按照上级的指示施政。[3]

集权制的优点是：权力集中，政令统一，便于统筹兼顾，所以实现下级均衡发展较为容易；避免下级独立性太强不听指挥；便于集中力量办大事；[4] 缺点是：容易忽视因地制宜，造成下级因为权力过小而丧失主动性和积极性。[5]

（二）分权制

分权制是指中央组织或者总机构将管理权充分赋予地方组织或分支机构，地方组织或分支机构不须听命于中央组织或者总机构，中央组织或者总机构也不干涉地方组织或者分支机构的行政组织体制。[6]

分权制的优点是：分权制的灵活性和适应性使得这种体制能够实现管理上的因地制宜，也能够激发下级的工作热情，培养民主精神，实现分工协作；[7] 缺点是：过度分权会损害行政的统一，彼此独立的各部门可能会各自为

---

[1] 参见曹现强、王佃利主编：《行政管理学》，清华大学出版社，2011 年版，第 175 页。
[2] 参见曹现强、王佃利主编：《行政管理学》，清华大学出版社，2011 年版，第 175 页。
[3] 参见曹现强、王佃利主编：《行政管理学》，清华大学出版社，2011 年版，第 175 页。
[4] 参见曹现强、王佃利主编：《行政管理学》，清华大学出版社，2011 年版，第 175 页。
[5] 参见曹现强、王佃利主编：《行政管理学》，清华大学出版社，2011 年版，第 175 页。
[6] 参见曹现强、王佃利主编：《行政管理学》，清华大学出版社，2011 年版，第 175-176 页。
[7] 参见曹现强、王佃利主编：《行政管理学》，清华大学出版社，2011 年版，第 176 页。

政，架空上级，从而导致组织的整体目标和功能无法实现。[1]

（三）集权制和分权制的区别与联系

中央集权和地方分权是集权制和分权制在中央和地方关系上的表现。中央集权的体制下，国家政治权力和行政权力主要集中在中央机关，这种体制下，中央政府通过与其有逐级指挥监督关系的地方行政组织去处理地方行政事务。地方行政组织根据中央统一的方针和命令指示来处理事务，这种体制会将下级行政组织制定和推行自身政策的可能性降到最低。地方分权体制下则把统治权和行政权委派给地方政府，地方政府按照本地居民及其代表的意志行使权力，地方政府对本地方负行政责任，而不是对中央政府负行政责任。中央政府对地方的干涉较少，地方政府广泛行使自治权，地方居民也能实现广泛参政。中央集权体制下，中央对地方的领导是直接而强有力的领导，包括财政权和人事权在内；地方分权体制下，中央对地方的领导是间接领导，采用立法或者司法方式实现。[2]

实践中，任何行政组织都是集权制和分权制要素的集合，纯粹的中央集权制和地方分权制并不合适。[3] 在当代，英国、美国、瑞士、加拿大等国采取的是地方分权制；亚洲、南美洲、非洲、中东地区的发展中国家主要采用中央集权制；法国、意大利、荷兰、比利时等欧洲大陆国家的体制则介于二者之间。[4]

四、完整制和分离制

以行政领导过程中同一层级行政权的统属情况为依据进行划分，行政组织体制可以分为完整制和分离制。[5]

（一）完整制

完整制，亦称一元统属制或者集中制，是指同一层级的行政组织接受上

---

[1] 参见曹现强、王佃利主编：《行政管理学》，清华大学出版社，2011年版，第176页。
[2] 参见曹现强、王佃利主编：《行政管理学》，清华大学出版社，2011年版，第176页。
[3] 参见曹现强、王佃利主编：《行政管理学》，清华大学出版社，2011年版，第176页。
[4] 参见曹现强、王佃利主编：《行政管理学》，清华大学出版社，2011年版，第177页。
[5] 参见韩莹莹、胡晓东主编：《行政管理学》，华中科技大学出版社，2013年版，第64页。

级直接指挥与控制的权力都集中在一位行政首长手中的行政组织体制。采用完整制的行政组织的一体化程度较高。中国中央政府的行政组织归国务院总理统一领导，是典型的完整制。❶

完整制的优点是：权责集中，政令统一，有利于统筹全局，减少冲突；❷缺点是：权力缺乏约束，容易造成行政首长个人专断。❸

（二）分离制

分离制，亦称多元统属制或者独立制，是指同一层级的行政组织接受上级直接指挥和控制的权力分别属于两个或者两个以上平行的行政首长的行政组织体制。采用分离制的行政组织的制约程度较高。日本中央政府的某些行政组织并不受内阁首相的直接指挥，如人事院和会计院，是典型的分离制。❹

分离制的优点是：权力之间相互制约，防止行政首长个人专断；❺ 缺点是：分离制违反了统一指挥原则，容易出现政出多门、事权冲突的情况，行政首长的指挥较为吃力。❻

（三）完整制和分离制的应用

为了实现行政统一和提高行政效率，政府首长通常将完整制当作其追求的理想模式，但是各国在设计时，又必须考虑必要的制约和激励。西方发达国家将官员选拔、公共财政预算、财政审计、行政监察等事权集中、容易滋生腐败的行政事务从政府统制中分离，建立独立机构负责前述事务，以对政府形成制衡。从这个角度讲，西方国家以分离制居多。❼

---

❶ 参见韩莹莹、胡晓东主编：《行政管理学》，华中科技大学出版社，2013 年版，第 64-65 页。
❷ 参见韩莹莹、胡晓东主编：《行政管理学》，华中科技大学出版社，2013 年版，第 65 页。
❸ 参见韩莹莹、胡晓东主编：《行政管理学》，华中科技大学出版社，2013 年版，第 65 页。
❹ 参见韩莹莹、胡晓东主编：《行政管理学》，华中科技大学出版社，2013 年版，第 64-65 页。
❺ 参见韩莹莹、胡晓东主编：《行政管理学》，华中科技大学出版社，2013 年版，第 65 页。
❻ 参见韩莹莹、胡晓东主编：《行政管理学》，华中科技大学出版社，2013 年版，第 65 页。
❼ 参见韩莹莹、胡晓东主编：《行政管理学》，华中科技大学出版社，2013 年版，第 65 页。

第五章
人事行政

第一节　人事行政的含义、地位和作用

一、人事行政的含义

（一）人事的含义

“人事”一词不是产生于现代，古已有之，但是含义有较大差别。我国古代对人事的理解主要是人情事理、人为之事、交际应酬之事等。简而言之，在我国古代，人事基本上是指与人有关的事。而在现代，人事是指人与其所做“事”之间的关系。因为在现代社会中，人在从事生产、生活活动时，人与人之间、人与事之间、人与群体之间必然会发生相互关系，进而逐渐形成特定的人事关系（即职位、岗位或工作）。因此，现代的“人事”是指在特定社会条件下，对于发生在人与人之间、人与事之间、人与组织之间相互关系的总称，即人要干事、事要人干，用人以治事。[1]

可见，人与事的关系是人事关系的基本内容。具体而言，人事关系主要包括以下内容：①事的总量和人的总量的关系，即一定数量的人做一定数量

[1] 参见曹现强、王佃利主编：《行政管理学》，清华大学出版社，2011年版，第181页。

的事，二者相宜；人多于事，会造成人浮于事；人少于事，会造成有的事没人干，[1] 或者现有工作人员忙得昏天黑地的情况。所以从量上看，人的总量和事的总量相互吻合、相互适应是人事关系融洽的基础。②事的类型和人的类型的关系。[2] 现代政府管理的事务繁多，尽管各国都在进行各种改革，将一些事务放归社会组织进行管理，减轻政府压力的同时，调动社会资源发挥优势为民众提供更优质更有效率的服务。但是随着社会的发展，政府管理的事务也在增加，事务的类型也不同以往，需要政府探索新的管理方式、管理手段和管理途径。因此，基于管理的需要，管理不同类型的事务就需要不同类型的人。从类型上看，人的类型和事的类型相吻合是人事关系融洽的保障。③事对人的要求和人员资格的关系。因为事在性质、类型、难易程度、简繁程度方面各有不同，所以对于从事相关工作的人员的要求也有不同，包括学历水平、专业水平、经历、心理素质、身体素质等，[3] 例如，军人和警察的身体素质比一般职业人员的身体素质要求要高。人员资格符合事对人的要求是人事关系融洽的关键。④共事者之间的关系。[4] 人是群居动物，绝大多数人都要与他人建立各种关系，才能正常生活和工作，尤其是工作，尽管完成不同工作需要人与人之间协作的深度和广度有所不同，但基本上都需要人与人之间的协作才能完成。因此，同事之间的和谐关系是人事关系融洽的润滑剂。

人和事相比，事具有相对稳定性，人的变化性则更强，所以相对于事而言，对人需要进行更多的研究，[5] 才能做到人与事的匹配。现代人事科学中的职能原理讲的就是人与事之间的配置关系。该原理认为人与事之间的配置有三种关系：①能高于职，这种人事搭配关系之下，人能够很容易完成工作，所以对于人的能力而言是一种浪费。②能职相符，这种人事搭配关系之下，人能够完成工作，但是潜能没有被开发。③职稍高于能，这种人事搭配关系之下，事务对于人而言具有一定的挑战性，所以人能够完成工作的同时潜力

---

[1] 参见曹现强、王佃利主编：《行政管理学》，清华大学出版社，2011 年版，第 181 页。
[2] 参见曹现强、王佃利主编：《行政管理学》，清华大学出版社，2011 年版，第 181 页。
[3] 参见曹现强、王佃利主编：《行政管理学》，清华大学出版社，2011 年版，第 181 页。
[4] 参见曹现强、王佃利主编：《行政管理学》，清华大学出版社，2011 年版，第 181 页。
[5] 参见曹现强、王佃利主编：《行政管理学》，清华大学出版社，2011 年版，第 181 页。

也能够得到发掘，因此被认为是职能原理中的最佳配置。[1] 其实除了能高于职的配置会导致人力资源的浪费以外，后两种配置都有其适用之处。例如，当新入职人员还处于熟悉环境的阶段时，交付给其能职相符的事务，有利于其在新环境中尽快树立自信，也有助于其在新环境中得到同事的认可，因此，从促使新人尽快与新环境恰当融合的角度讲，能职相符是最佳安排。当一个人已经适应了新环境，或者在过往的工作中表现突出时，可以考虑交付其一些职稍高于能的工作，以挖掘其潜力，使其“潜力”变为现实能力，从而实现能力的提升，同时也可以避免其从事能职相符的工作时间过久之后形成不思进取的心态，激发其不断学习的动力。

（二）人事管理

人事管理是指“组织运用一定的手段和方法，有效地把人的因素与物的因素合理地组合在一起，从而发挥他们各自的作用，实现组织管理目标”。[2] 简言之，人事管理就是把人和物有效结合以实现管理目标的管理活动。

“人事管理”一词最早流行于英国、美国等国企业界。欧美国家进入资本主义社会，尤其是产业革命以后，伴随着大量工商业的出现，企业的劳工管理成为突出问题，由此产生了劳动管理。起初，劳动管理主要涉及工人的工资和劳动条件，后来劳动管理的对象和范围逐渐扩大，并形成一整套管理制度和管理方法，“人事管理”一词也逐渐流行。后来，随着企业人事管理被引入到英美等国的政府机构中，人事管理就有了广义和狭义之分。其核心都是对组织中的人与事，人与事之间、人与人之间的关系进行管理，只是实施人事管理的组织的性质会有所不同。[3]

（三）人事行政的含义

人事行政是指国家公务人员主管部门依法对行政管理活动中的公务人员和事务之间的关系以及公务人员相互之间的关系所实施的一整套管理活动或

[1] 参见曹现强、王佃利主编：《行政管理学》，清华大学出版社，2011 年版，第 181-182 页。
[2] 参见夏书章主编：《行政管理学》，高等教育出版社、中山大学出版社，2018 年版，第 115 页。
[3] 参见曹现强、王佃利主编：《行政管理学》，清华大学出版社，2011 年版，第 182-183 页。

管理行为，具体包括对公务人员的录用、考核、培训、交流、奖惩、纪律、工资、福利、退休等方面的规划和管理。[1]

由此可见，人事行政的构成要素包括：①我国人事行政的主体：公务员局，包括国家公务员局和地方公务员局。②我国人事行政的客体：国家机关（包括国家立法、司法、行政机关）及其工作人员，其中，主要管理对象是国家公务员。[2] ③我国人事行政的主要内容：综合管理本行政区域公务人员的录用调配、考核奖惩、培训和工资福利等事务。[3]

二、人事行政的地位、作用

人的地位和作用有多重要，人事行政的地位和作用就有多重要。中国历史上第一个统一的封建王朝秦朝原本只是一个边陲小国，但最终可以统一六国，定然有其过人之处。笔者以为，不拘一格用人才和适时调整用人标准发挥了关键作用。

秦穆公在位时，改变了按照血缘封官的传统，从他国引进人才并委以重任，例如，由余、百里奚、蹇叔都不是秦国人，但是他们对秦国领土的扩张都功不可没。[4] 秦国军士作战素来英勇，这应该与其选官标准有关。在统一六国的过程中，秦国将选官标准逐渐由斩首数量转变为取得胜利和完成任务的贡献大小。据《史记·秦本纪》记载，秦国从商鞅开始实行斩首授官，到秦昭王时达到顶峰。但是从秦始皇十三年后至二十六年统一，史籍中就再没有关于斩首而授官的记载。因为当时秦军的任务已经不再是杀死敌人，而是攻城略地，通过《史记·秦本纪》中的“下城”“破国”“取地”等记载可知，此时，秦国的授官标准已经发生了变化。这种授官标准的变化自然也加快了秦国统一战争的进度。秦统一六国以后，秦始皇改变了“当官为吏，必有爵”

---

[1] 参见张永桃主编：《行政学》，高等教育出版社，2009 年版，第 185 页。转引自郑志龙主编：《行政管理学》，高等教育出版社，2011 年版，第 173-174 页。

[2] 参见曹现强、王佃利主编：《行政管理学》，清华大学出版社，2011 年版，第 183 页。

[3] 参见《国家公务员局主要职责》，国家公务员局，http://www.scs.gov.cn/jzyzr/，2020 年 11 月 17 日访问。

[4] 参见张创新：《秦朝人事行政论要》，载《长白学刊》，1994 年第 2 期。

的政策，改以事功为选官标准。在秦始皇和秦二世时期，著名的丞相隗状、王绾、李斯等都没有立过军功的记载，但是可以任职丞相。有军功也未必有官职，例如，建成侯赵亥、通武侯王贲等只有爵位，而无官职。秦统一六国前后的主要任务发生了变化，秦统一六国前的主要任务是军事战争，统一六国后的主要任务是治国理政。[1] 两种不同的任务，需要不同的人才。秦选官标准的变化，既能让有才而无爵位的人有机会担任官职，又不受有爵位而不任职者的妨碍，真正体现了“能者在职，贤者在位”。[2] 适时调整选官标准，让秦在用人方面不受拘泥，让人才有了施展才能的机会，也可谓与时俱进。尽管亡于暴政的秦朝十分短命，但依然有不少值得后人学习的地方，人事行政就是其中之一。通过秦统一六国前后选官标准的变化，以及更早以前选用人才的不拘一格，除了说明人才的重要性，也充分说明了人事行政的重要性。

（一）人事行政在行政管理中居于核心地位，是保证国家公务人员优化、精简、高效、廉洁的基本条件[3]

人是行政的根本，事则是行政职能的具体形式。所有的行政管理工作都要通过人来完成，选择合适数量的人完成相当数量的工作是人事行政的任务，选择素质符合工作要求的人员完成相应的工作也是人事行政要研究的课题。因此，行政管理成功的关键在于科学合理地选人、用人。[4]

（二）科学的人事行政是提高国家公务人员素质、开发人力资源、加强国家公务人员队伍建设、有效管理社会公共事务的保证，是增强国家竞争力、实现国富民安的重要基石[5]

作为当前世界上人口数量最多的国家，要想让全体中国人民都过上幸福生活，让中华民族实现伟大复兴，培养和留住高素质人才是关键。为此，各

[1] 参见张创新：《秦朝人事行政论要》，载《长白学刊》，1994 年第 2 期。
[2] 参见张创新：《秦朝人事行政论要》，载《长白学刊》，1994 年第 2 期。
[3] 参见曹现强、王佃利主编：《行政管理学》，清华大学出版社，2011 年版，第 185 页。
[4] 参见曹现强、王佃利主编：《行政管理学》，清华大学出版社，2011 年版，第 185 页。
[5] 参见曹现强、王佃利主编：《行政管理学》，清华大学出版社，2011 年版，第 185-186 页。

行各业都需要高素质人才，提供公共服务的政府部门也不例外。应该说，政府的管理能力和提供公共服务的能力是一个国家非常重要的软实力，甚至能在关键时刻决定国际竞争的成败。2020 年年初的新冠肺炎疫情首先让中国面临了巨大的抗疫压力，但是在党的领导下，全国人民同心协力，最终取得了抗疫的阶段性胜利。这是无数各行各业的工作人员从春节伊始就坚守工作岗位换来的局面。这种来之不易的局面是在党和政府的统一领导下取得的，是在各级政府都严格执行防疫措施下取得的。而在防疫过程中，不遵守防疫规定的人员被曝光甚至被处理的消息并不新鲜，执行防控措施不力的官员被严肃处理的消息也不少。更是有很多基层工作者为了摸清辖区内实际居住人员的数目，想出了各种办法。2020 年 11 月 4 日，第三届中国国际进口博览会（以下简称“进博会”）开幕式在上海举行，[1] 这是在疫情防控常态化条件下，我国举办的一场规模最大、参展国别最多、线上线下结合的国际经贸盛会，充分展示了我国在疫情防控方面和经济社会发展方面取得的巨大成就。按一年计，本届进博会累计意向成交 726.2 亿美元，比上一届增长 2.1%。到本届进博会闭幕当日，即 11 月 10 日，已有数百家企业报名、签约参展第四届进博会。[2] 这说明参展企业对中国经济发展充满信心，对中国政府疫情防控充满信心。这从另一个角度说明了中国在疫情防控方面已经取得的成绩和未来充满希望的前景。这些都与各级政府有力执行疫情防控措施的同时，又想尽办法发展经济密不可分。其实就是公务人员在疫情防控常态化条件下努力提供优质公共服务的结果。

（三）科学的人事行政是提高政府管理工作的质量、加速国家机器运转、提高效能的关键[3]

一方面，好的人事行政能够吸引优秀人才进入政府部门工作，这对政府

---

[1] 参见颜维琦、曹继军：《进博会助力构建新发展格局——写在第三届中国国际进口博览会开幕之际》，光明网，https://news.gmw.cn/2020-11/04/content_34336420.htm，2020 年 11 月 26 日访问。

[2] 参见彭瑶：《中国发布丨第三届进博会累计意向成交 726.2 亿美元 比上届增长 2.1%》，中国网，http://news.china.com.cn/txt/2020-11/10/content_76896208.htm，2020 年 11 月 17 日访问。

[3] 参见曹现强、王佃利主编：《行政管理学》，清华大学出版社，2011 年版，第 185 页。

自身而言是好事，对社会而言同样是好事，[1] 因为这意味着由优秀的人才来管理社会、服务社会；另一方面，好的人事行政具有示范作用和桥梁作用，能将社会管理提升至更高的水平。[2]

(四) 科学的人事行政是稳定政权、树立政府形象的重要途径[3]

稳定的社会环境需要稳定的政权作为基础，而稳定的政权则需要稳定的人才队伍作为基石。科学的人事行政不仅能够吸引优秀人才进入政府部门，还能将优秀人才培养得更优秀，并且留在政府部门，从而形成稳定的公务人员队伍，也就能保证为社会提供持续、稳定、优质的公共服务。因为拥有优秀的公务人员，政府也会因为公务人员优秀的工作能力而树立良好的公共形象。

第二节　人事行政的原则和运行机制

一、人事行政的原则

作为国家行政管理的一项重要活动，人事行政必然具有政治性，但又具有科学性，[4] 如此才能让人事行政的各项活动、各个环节符合人事行政活动的规律，才能对人才实施科学的选、育、用、留。因此，必须遵循相应的原则。有的原则是中外通用的，有的是中国特有的，主要包括以下原则。

(一) 任人唯贤，德才兼备

“才德全尽谓之圣人，才德兼亡谓之愚人，德胜才谓之君子，才胜德谓之

[1] 参见曹现强、王佃利主编：《行政管理学》，清华大学出版社，2011 年版，第 185-186 页。
[2] 参见曹现强、王佃利主编：《行政管理学》，清华大学出版社，2011 年版，第 186 页。
[3] 参见曹现强、王佃利主编：《行政管理学》，清华大学出版社，2011 年版，第 186 页。
[4] 参见曹现强、王佃利主编：《行政管理学》，清华大学出版社，2011 年版，第 187 页。

小人。”[1] 尽管不同时期、不同国家、不同阶级，对德、才、贤的判断标准有一定差异，但是在选人用人时，德和才始终需要综合考虑，不能偏废。今天我们所讲的“德”是指政治素质和职业道德。[2] 中央组织部部长陈希同志在2019年1月的全国组织部长会议上强调，“坚持新时期好干部标准，把政治素质考察摆在干部工作重中之重，大力培养选拔忠诚干净担当的高素质干部”。[3] 选拔干部必须突出政治标准是在当前形势下的一个必然要求。因为一个时期以来，党内忽视政治、淡化政治、削弱政治的现象比较突出，一些同志的政治自觉性降低，甚至少数人无视党的政治纪律和政治规矩……这些都在警示，干部在政治方面出问题不亚于腐败问题对党的危害，所以需要把党的政治建设作为党的根本性建设来抓，从而建设一支优秀的干部队伍。突出政治标准选拔干部主要从五个方面进行把握。[4] “一看政治忠诚，是否牢固树立‘四个意识’。”“二看政治定力，是否坚定‘四个自信’。”“三看政治担当，是否坚持原则、敢于斗争。”“四看政治能力，是否善于从政治上观察和处理问题。”“五看政治自律，是否严格遵守党的政治纪律和政治规矩。”[5] 可见在政治素质方面，我党选拔干部的政治标准是十分清晰的。在职业道德方面，“克己奉公，忠于职守，全心全意为人民服务”[6] 则是公务人员应有的职业觉悟。

“才”是指公务人员的知识水平和业务能力。[7] 通过每年的国家公务员招考公告就可以看出，所有的职位都需要具备一定的专业背景和学历水平，有些职位还需要有基层工作经验，这些要求都不是平白出现的，都是为了做好相应的工作而提出的，因此，能够通过公开招考进入公务人员队伍的人至少是符合职位要求的，但是并不意味着可以一劳永逸。为了做好本职工作，进

---

[1] 转引自郑志龙主编：《行政管理学》，高等教育出版社，2011年版，第174页。

[2] 参见郑志龙主编：《行政管理学》，高等教育出版社，2011年版，第174页。

[3] 参见《政治素质是党员干部的“硬核”》，人民论坛网，http://www.rmlt.com.cn/2019/0124/538194.shtml，2020年11月18日访问。

[4] 参见《陈希：培养选拔干部必须突出政治标准》，人民网，http://cpc.people.com.cn/n1/2017/1116/c64094-29648920.html，2020年11月18日访问。

[5] 参见《陈希：培养选拔干部必须突出政治标准》，人民网，http://cpc.people.com.cn/n1/2017/1116/c64094-29648920.html，2020年11月18日访问。

[6] 参见郑志龙主编：《行政管理学》，高等教育出版社，2011年版，第174页。

[7] 参见郑志龙主编：《行政管理学》，高等教育出版社，2011年版，第174页。

人工作岗位以后还是要不间断地学习，只有这样才能让自己始终具备为人民服务的本领。

（二）考试考核、功绩晋升

这条原则与任人唯贤、德才兼备原则是紧密相连的，是现代人事行政激励工作人员勤奋又有创造性地开展工作的重要方式，由此也能与传统人事行政的血缘、出身、资历至上相区分。[1] 考试是指录用公务人员时要经过有关部门组织的公开考试，平等竞争，择优录用；考核是指进入公务人员队伍以后用人单位对其进行定期检查，以鉴定其业务水平、工作能力和工作态度。[2] 功绩是指工作实绩和贡献。功绩晋升原则要求按照客观标准来确定工作人员的工作才能和其他素质，以决定是否对其录用、升降、奖惩。[3] 只是在衡量功绩的客观标准方面需要加强探索，以便摸索出一套既具有可操作性，又能真正衡量功绩的标准，以对现有衡量标准进行完善。

（三）扬长避短，适才适用

扬长避短、适才适用是指发挥人的长处，规避人的短处，从而把合适的人放在合适的岗位上，以做到人尽其才、才尽其用。要做到扬长避短、适才适用，需要具备以下条件。

（1）基本条件：知人。知人要求通过各种方法了解一个人，了解其自然条件和社会背景，要做到对其品德、专长、性格、长处、短板等的全面了解，特别是要辩证地看待其长处与短处。[4] 中国有句话叫作“慈不掌兵，义不掌财”，其实这就是用人之道。慈悲和义气本来是一个人的优点，但是要看用在什么地方，用来做什么事。如果用错地方就会带来不理想的结果，甚至是毁灭性后果。

（2）前提：识事。这要求在用人之前，就要对不同岗位的工作做到了如

[1] 参见曹现强、王佃利主编：《行政管理学》，清华大学出版社，2011 年版，第 187 页。
[2] 参见郑志龙主编：《行政管理学》，高等教育出版社，2011 年版，第 175 页。
[3] 参见曹现强、王佃利主编：《行政管理学》，清华大学出版社，2011 年版，第 187 页。
[4] 参见曹现强、王佃利主编：《行政管理学》，清华大学出版社，2011 年版，第 187 页。

指掌，熟悉工作的类别、性质、特点及需要的条件等，在此基础上去择人，[1] 才能知道选择什么样的人是合适的。

（3）关键：善任。善任是指要坚持因事择人的原则，根据人和事各自的特点与需求，把合适的人放在合适的岗位上，[2] 发挥人的长处，规避人的短处，让在其位者能够做好工作，也让工作成就其人。

在知人善任方面，有个反例可供大家参考。《三国演义》中有一个故事叫作诸葛亮挥泪斩马谡，因为马谡失守街亭，而街亭对于蜀国和魏国都非常重要，街亭失守让蜀国十分被动并且处于危险之中，所以尽管诸葛亮十分欣赏马谡，但不得不斩首马谡给蜀国一个交代。熟读兵书是马谡的长处，但过于自负是其短处，而诸葛亮还是任用马谡镇守街亭，结果战败。因此，马谡战败有其自身原因，但诸葛亮没能在知人的同时善任，也同样有责任，甚至应该负更大的责任。

（四）智能互补，结构合理

现代政府管理的事务相当庞杂，而各国民众对政府的期待基本上都不再局限于“守夜人”，因此，政府若想做好本职工作，以便让民众满意，至少没有不满意，只靠各级行政首长一人已经不可能实现，依靠一个群体还是有可能实现的。一个由若干人组成的群体，在年龄、性格、能力、品德、知识、专业等方面科学搭配，就有可能形成一个取长补短、结构合理的群体。[3]

相信绝大多数中国人都对《西游记》十分熟悉，即便没有读过这部小说，但基本上都看过电视剧。《西游记》中的师徒四人就是一个智能互补的组合。作为师父的唐僧前往西天取经的意志十分坚定，而且心怀慈悲，但善恶不分，无法分清妖与人。孙悟空是三位徒弟中最为精干的一位，而且十分忠诚，火眼金睛，能辨明妖与人，但是性情急躁，容易被刺激。猪八戒形象最为慵懒，但胜在懂进退，懂得软语相劝，可是取经意志不坚定，遇到困难的时候经常想要放弃取经，回高老庄过小日子。沙僧是三位徒弟中存在感最低的一位，

[1] 参见曹现强、王佃利主编：《行政管理学》，清华大学出版社，2011年版，第187页。
[2] 参见曹现强、王佃利主编：《行政管理学》，清华大学出版社，2011年版，第187-188页。
[3] 参见郑志龙主编：《行政管理学》，高等教育出版社，2011年版，第175页。

少言寡语，但吃苦耐劳，从不抱怨，虽不善思考，但执行力不差。其实，这个团队里还有一个角色不该被忘记，就是白龙马。尽管平常是唐僧的坐骑，默默无语，只是代替了唐僧这个凡人的脚力，但也曾在关键时刻发挥作用。就是这样一个在武功、智能、性格等方面都十分互补的团队，一路降妖除魔，最后取得真经。

（五）划分类别，分类管理

划分类别、分类管理是中外管理公务人员队伍的通行做法，我国与西方国家不同的是，西方国家对公务人员的分类首先体现在严格区分政务官和事务官，不同国家对事务官也采用了不同的分类方式，而我国则没有两官分途的区别。根据《中华人民共和国公务员法》的规定，我国将公务员职位按照性质、特点以及管理需要分成综合管理类、专业技术类和行政执法类等类别。如果职位具有特殊性，需要单独管理，还可以增设其他职位类别。[1]

分类管理有助于对不同岗位实施不同的管理、考核方式，以便有效地选拔人才，考核绩效，进而提供有效、优质的公共管理和公共服务。

（六）用人与治事一致

用人是为了治事，所以在是否用人、如何用人方面，应当给用人单位最大的自主权，以免造成用人权和治事权不一致导致的人事脱节。[2]

（七）公开、平等、竞争、择优

要择优录用社会人才进入公务人员队伍，首先就要保证招考信息能够为人知晓，公开是必然要执行的原则之一。公开的内容包括有关人事行政的法律、法规以及政策，除了按照规定需要保密的以外，全部公开；人事行政执行的录用、考核、升降、奖惩等全部公开。[3] 在这方面，我国做得就很好，像公务员法、公务员回避方面的规定等都能够通过公开渠道获取，从发布招考

---

[1] 参见《中华人民共和国公务员法》（2018），第十六条。

[2] 参见曹现强、王佃利主编：《行政管理学》，清华大学出版社，2011 年版，第 188 页。

[3] 参见曹现强、王佃利主编：《行政管理学》，清华大学出版社，2011 年版，第 188–189 页。

公告开始，公务员招考程序的每一个关键环节都会通过相关渠道公示，以便社会监督。平等是指担任国家公职的权利和机会是人人平等的，不因性别、民族等因素而影响其参加平等竞争的权利，确保其在平等条件下被择优录用。竞争则与公开和平等密不可分，因为信息的公开，所以只要符合相关规定，人人都有权利和机会参与竞争，而且是规则面前人人平等的竞争。[1] 真正的竞争需要以公开和平等为前提。竞争的目的是择优，通过竞争选拔优秀人才进入公务人员队伍，从而克服任人唯亲等不正之风，真正为政府选拔优秀人才。[2]

（八）依法管理，事权一致

人事行政法治化的一个重要标志就是依法管理，也是在用人问题上避免不正之风的有效方式。它要求把人事行政的目的、要求、内容、步骤和方法等通过立法进行规范，用法律保证人事行政的有效实施。[3] 事权一致也只有在法律保障的前提下才能实现，避免在实践中出现事权分离或不一致的情况。[4]

（九）持续更新，合理流动

从当代行政管理工作的需要来看，人员的持续更新与合理流动有其必要性：①随着经济社会的发展，公务人员的队伍要持续更新才能适应行政环境的需要。②公务人员的年龄结构和专业结构因公务人员的年龄和专业职能的变化需要持续调整。③因为知识的更新和管理范围的变化，公务人员用非所学、用非所长的问题也需要通过持续更新与合理流动来解决。④宗派主义、地方主义等不利于经济社会健康发展的不良现象也可以通过合理流动来避免。[5]

此外，人员流动对于公务人员个人而言也十分有利，通过人员流动，能够开阔眼界，丰富阅历，增长见识，提升能力；通过人员流动实现适才适用，

---

[1] 参见曹现强、王佃利主编：《行政管理学》，清华大学出版社，2011 年版，第 189 页。
[2] 参见曹现强、王佃利主编：《行政管理学》，清华大学出版社，2011 年版，第 189 页。
[3] 参见郑志龙主编：《行政管理学》，高等教育出版社，2011 年版，第 176 页。
[4] 参见曹现强、王佃利主编：《行政管理学》，清华大学出版社，2011 年版，第 189 页。
[5] 参见曹现强、王佃利主编：《行政管理学》，清华大学出版社，2011 年版，第 189 页。

使合适的人始终做合适的事，不合适的人也可以通过流动发现适合他的岗位，从而做到人尽其才、才尽其用。

从我国国家领导人的履历来看，他们的工作经历都非常丰富，往往不限于某一领域和某一地域，尤其是国家领导人，往往都有在不同地方履职的丰富经历。

此外，通过一些落马高官的履职经历也可以看出公务人员合理流动的必要性。例如，天津市公安局原局长武长顺从 1970 年 5 月参加工作开始，到 2014 年 7 月被宣布调查，40 多年里，其所有任职都没有离开天津市公安局。[1]从“术业有专攻”的角度讲，这样的履职经历可谓足够专业，但从另一角度看，这样单一的履职经历可能也为其从事违法犯罪活动提供了便利。根据这样的案例，人事行政工作者应该思考的是，如何在保证公务人员学有所长、用有所长的情况下，实现人员的合理流动，避免某人长期在某一岗位或者某一系统工作而出现监督难点。

（十）党管干部原则

与西方国家不同的是，我国人事制度中有一条不可动摇的原则就是党管干部原则。[2] 要坚持党对一切工作的领导，就要保证党管干部原则的贯彻和实施。毕竟一切工作都是通过人来完成的，因此，从根本上讲，把党管干部原则落在实处是党领导一切的基础。

党管干部原则是指“中共对干部人事工作实施统一的领导，并直接管理一定层次的领导干部，保证党的路线、方针和政策在全国范围内得到有效地贯彻”。[3]

坚持党管干部原则的具体内容包括：①中共中央统一制定干部工作的路线、方针、政策，并通过一定程序将其转化为人事行政的法律制度；②中共

---

[1] 参见《资料：天津市公安局党委书记、局长武长顺简历（图）》，中国经济网，http://district.ce.cn/zt/rwk/sf/tj/tjrs/201208/23/t20120823_23612772.shtml，2020 年 11 月 18 日访问；《首次披露丨武长顺落马前夜的疯狂举动》，人民政协网，http://www.rmzxb.com.cn/c/2018-10-14/2189585.shtml，2020 年 11 月 18 日访问。

[2] 参见郭小聪主编：《行政管理学》，中国人民大学出版社，2012 年版，第 77 页。

[3] 参见刘俊生著：《中国人事制度概要》，清华大学出版社，2009 年版，第 14 页。

各级党委按照干部管理权限直接管理一定层次的领导干部，原则上是下管一级，并且向公共部门尤其是国家机关推荐重要干部；③中共各级党委对干部法律、法规和政策的执行情况负有监督和控制之责；④中央和地方各级党委组织部是干部管理机构。[1]

二、人事行政的运行机制

（一）管理机制

管理机制是指“人事行政机构依照法律规范以科学的方式使人事制度得以运行的机制，它是管理机构、法律规范和运行方式的统一。管理机制是人事制度的首要运行机制”。[2]

作为人事制度的组织基础，管理机构是人事制度运行的动力系统。[3] 只有管理机构健全，并且能够切实发挥作用，才能保证人事行政各项法律、法规、规章得到贯彻执行。因此，科学地设置人事管理机构是人事行政发挥作用的组织基础。

依法行政是人事行政的基本要求，人事行政的各个环节都应该以法律、法规、规章进行规范，这是人事行政的制度依据。缺少制度依据的人事行政就变成了“人治”，容易出现以言代法、权大于法等现象，[4] 因此，用完善的制度约束权力，“把权力关进制度的笼子里”是避免“人治”的最安全、最有效、最具有可持续性的方式。

管理机构通过科学的方式进行依法管理是该机制的核心内容。这需要对人事行政人员进行法制教育，同时对人事行政人员进行培训，使其掌握科学合理的现代人事行政技术与方法。[5]

---

[1] 参见刘俊生著：《中国人事制度概要》，清华大学出版社，2009 年版，第 14-15 页。
[2] 参见刘俊生著：《中国人事制度概要》，清华大学出版社，2009 年版，第 11 页。
[3] 参见刘俊生著：《中国人事制度概要》，清华大学出版社，2009 年版，第 11 页。
[4] 参见刘俊生著：《中国人事制度概要》，清华大学出版社，2009 年版，第 11 页。
[5] 参见刘俊生著：《中国人事制度概要》，清华大学出版社，2009 年版，第 11 页。

（二）更新机制

“从社会生态学的观点来看，人事系统应具有自我组织、自我稳定、自我发展的功能。”“这就是人事制度应具备的更新机制，它包括人员的和素质的新陈代谢机制两个方面。”[1]

人员更新通过公务人员与社会的交流实现，民主选举制、考试录用制、调任交流制等是人事系统的“入口”，辞职制、辞退制、退休制、开除制、罢免制等构成人事系统的“出口”。其中，民主选举制和考试录用制在竞争基础上实现了择优，是优秀人才进入公务人员队伍的主要渠道；调任交流制体现的是党政机关和其他公共部门之间干部的互通性；[2] 聘任制目前在中国只适用于专业技术性职位和辅助性职位；[3] 辞职制和辞退制表明公务人员和用人单位之间具有双向选择机制，对公务人员队伍的结构优化有重要作用；退休制对于保证公务人员队伍的梯次化和年轻化具有深刻意义；开除和罢免制度则对净化公务人员队伍、加强公共部门的廉政建设意义重大。[4]

素质更新主要通过培训、交流、考试等方式完成。通过考试进入公务人员队伍之后，在科技发展和社会进步的时代背景下，如果公务人员不进行素质更新就可能无法胜任工作。通过培训和考试可以增加公务人员的知识含量，改善其知识结构和技能结构；交流可以拓宽视野，增加公务人员的行政经验。[5]

（三）激励机制

行为科学证明，需求引发动机，动机引发行为。因此，依据一定的标准对个体或者集体的行为及其结果进行公正评价，并且根据结果对行为者进行适当的奖励（物质或者精神奖励），也就是满足其需求，就能进一步激发其正

[1] 参见刘俊生著：《中国人事制度概要》，清华大学出版社，2009年版，第12页。
[2] 参见刘俊生著：《中国人事制度概要》，清华大学出版社，2009年版，第12页。
[3] 参见《中华人民共和国公务员法》（2018），第一百条。
[4] 参见刘俊生著：《中国人事制度概要》，清华大学出版社，2009年版，第12页。
[5] 参见刘俊生著：《中国人事制度概要》，清华大学出版社，2009年版，第12页。

确的动机，从而引发行动，由此形成良性循环，这就是激励机制。[1] 在人事行政的众多工作中，可能激励这项工作是难度最大的。人的需求千差万别，即便具有一定的共性，但是不同的人对同一种需求渴望被满足的程度也会有所不同，并且在不同时期，一个人最渴望被满足的需求也不尽相同，所以对于人事行政工作者而言，在所有工作中激励机制的设定或许是难度最大的一项工作。完备的激励机制的形成需要坚持功绩制原则（即以能力和绩效为评价标准），以考核工作实绩为核心要素，以考评结果为依据奖勤罚懒。[2] 对于人事行政工作者而言，难题在于如何评价工作实绩。毕竟，公务人员提供的是公共管理和公共服务，这种类型的工作实绩很难像企业那样将工作实绩进行量化。因此，如何科学评价公务人员的工作实绩是人事行政工作者和研究者始终需要探索的问题。另外，在公务人员所做工作和其工作实绩的关联性的确定方面也需要进行探索，即如何确定工作实绩与相应工作的关联性，有的关联性是容易分辨的，有的则不是很容易分辨，而且可能牵涉甚广。

（四）监控机制

监控其实是监测与控制的统称。监测是对运行系统进行信息收集和反馈；控制则是根据信息对系统运行进行必要的调整。因此，监控是指为使人事行政系统实现活动目标，必须对其活动进行监测，必要时对系统的运行进行修正，防止其偏离目标。[3]

传统监控只注重事后监控和自上而下的监控，但是现代人事行政则注重事前、事中和事后监控的平衡以及双向监控的平衡。事前监控包括明确规定公务人员的纪律、行为规范、应尽义务和相关责任，说明监控者或者监控机构的职责权限，对公务人员进行道德、法治等方面的教育，以尽力做到防患于未然。事中监控是伴随公共管理活动的开展而同时跟进的一种监控，以便及时发现公务人员的违法行为或者不合理行为并及时纠正。事后监控则是在公共管理活动结束或者进行到一定阶段时，对既定的事实后果进行监测，总

[1] 参见刘俊生著：《中国人事制度概要》，清华大学出版社，2009 年版，第 12-13 页。
[2] 参见刘俊生著：《中国人事制度概要》，清华大学出版社，2009 年版，第 13 页。
[3] 参见刘俊生著：《中国人事制度概要》，清华大学出版社，2009 年版，第 13 页。

结经验教训，以最大限度弥补已经造成的损失。因此，从性质上讲，事前监控是防范性质的，事中监控是即时性质的，事后监控则是复查性质的。另外，传统监控只注重上级对下级的单向监控，而没有或者弱化下级对上级的监控。而现代监控则强调双向监控的平衡。前述监控其实都是内部监控或者叫内部监督，事实上，还有外部监督，在此不作展开讲解。[1]

第三节　人事行政的管理机构和主要内容

一、人事行政的管理机构

（一）公务员局

“为更好落实党管干部原则，加强党对公务员队伍的集中统一领导，更好统筹干部管理，建立健全统一规范高效的公务员管理体制，将国家公务员局并入中央组织部。中央组织部对外保留国家公务员局牌子。调整后，中央组织部在公务员管理方面的主要职责是，统一管理公务员录用调配、考核奖惩、培训和工资福利等事务，研究拟订公务员管理政策和法律法规草案并组织实施，指导全国公务员队伍建设和绩效管理，负责国家公务员管理国际交流合作等。”[2] 根据 2018 年 3 月中共中央印发的《深化党和国家机构改革方案》,[3] 当年，国家公务员局并入了中组部，承担对公务员的录用调配等工作实施统一管理等职责。国家公务员局并入中组部之后，虽然仍是公务员主管部门，但是不再隶属行政系统。这一点从 2018 年 10 月发布的《中央机关及其直属机构 2019 年度考试录用公务员公告》和 2020 年 10 月发布的《中央机关及其

[1] 参见刘俊生著：《中国人事制度概要》，清华大学出版社，2009 年版，第 14 页。

[2] 参见《国家公务员局主要职责》，国家公务员局，http://www.scs.gov.cn/jzyzr/，2020 年 11 月 19 日访问。

[3] 参见《中共中央印发〈深化党和国家机构改革方案〉》，中国政府网，http://www.gov.cn/zhengce/2018-03/21/content_5276191.htm#1，2020 年 11 月 19 日访问。

直属机构2021年度考试录用公务员公告》的发文单位都能看出，发文和落款单位只有国家公务员局。[1] 而在国家公务员局并入中组部以前，则是三个部门联合发文，即中共中央组织部、人力资源和社会保障部、国家公务员局。

（二）监察机关

根据2018年的《国务院机构改革方案》，“监察部并入新组建的国家监察委员会。国家预防腐败局并入国家监察委员会。不再保留监察部、国家预防腐败局”。[2]

（1）监察委员会的职责与设立：“各级监察委员会是行使国家监察职能的专责机关，依照本法对所有行使公权力的公职人员（以下简称“公职人员”）进行监察，调查职务违法和职务犯罪，开展廉政建设和反腐败工作，维护宪法和法律的尊严。”[3]

“中华人民共和国国家监察委员会是最高监察机关。省、自治区、直辖市、自治州、县、自治县、市、市辖区设立监察委员会。”[4]

“各级监察委员会可以向本级中国共产党机关、国家机关、法律法规授权或者委托管理公共事务的组织和单位以及所管辖的行政区域、国有企业等派驻或者派出监察机构、监察专员。监察机构、监察专员对派驻或者派出它的监察委员会负责。”[5]

（2）监察对象范围：“监察机关对下列公职人员和有关人员进行监察：

（一）中国共产党机关、人民代表大会及其常务委员会机关、人民政府、

---

[1] 参见《中央机关及其直属机构2019年度考试录用公务员公告》，中国政府网，http://www.gov.cn/xinwen/2018-10/21/content_5333232.htm，2020年11月19日访问；《中央机关及其直属机构2021年度考试录用公务员公告》，国家公务员局，http://bm.scs.gov.cn/pp/gkweb/core/web/ui/business/article/articledetail.html?ArticleId=8a81f324751ce03c0175222d63700039&id=0000000062b7b2b60162bccd55ec0006&eid=0000000062b7b2b60162bccdd5860007，2020年11月19日访问。

[2] 参见《国务院机构改革方案》，中国政府网，http://www.gov.cn/xinwen/2018-03/17/content_5275116.htm，2020年11月19日访问。

[3] 参见《中华人民共和国监察法》，第三条，中国人大网，http://www.npc.gov.cn/npc/c30834/201803/ce9c51c278f24ebab91b2178a4498404.shtml，2020年11月19日访问。

[4] 参见《中华人民共和国监察法》，第七条，中国人大网，http://www.npc.gov.cn/npc/c30834/201803/ce9c51c278f24ebab91b2178a4498404.shtml，2020年11月19日访问。

[5] 参见《中华人民共和国监察法》，第十二条，中国人大网，http://www.npc.gov.cn/npc/c30834/201803/ce9c51c278f24ebab91b2178a4498404.shtml，2020年11月19日访问。

监察委员会、人民法院、人民检察院、中国人民政治协商会议各级委员会机关、民主党派机关和工商业联合会机关的公务员，以及参照《中华人民共和国公务员法》管理的人员；

（二）法律、法规授权或者受国家机关依法委托管理公共事务的组织中从事公务的人员；

（三）国有企业管理人员；

（四）公办的教育、科研、文化、医疗卫生、体育等单位中从事管理的人员；

（五）基层群众性自治组织中从事管理的人员；

（六）其他依法履行公职的人员。”[1]

从监察法的监察范围来看，所有履行公职的人员都被包含在了监察范围之内，与行政监察法的行政监察对象主要包括行政机关及其工作人员相比，监察法的监察范围已经有了相当大的范围扩展。本条规定的主要目的也是为了将所有行使公权力的公职人员都包含在监察范围之内，并用法律形式予以固定。这也是中国共产党以零容忍态度惩治腐败的政治立场的体现。[2]

二、职位分类与品位分类

分类管理是人事行政的基本原则之一，各国的公务人员分类主要有两种做法，分别是职位分类和品位分类。

（一）职位分类

职位分类是一种以职位为对象的分类制度，[3] 即对公务人员职位按照工作性质、繁简程度、责任轻重和所需资格条件等要素加以分析、评价和整理，进行横向和纵向分类，编制职位说明书，并作为政府部门人力资源分类标准

---

❶ 参见《中华人民共和国监察法》，第十五条，中国人大网，http://www.npc.gov.cn/npc/c30834/201803/ce9c51c278f24ebab91b2178a4498404.shtml，2020年11月19日访问。

❷ 参见《〈监察法释义（15）〉监察对象范围》，中央纪委国家监委网站，http://www.ccdi.gov.cn/toutiao/201804/t20180408_169484.html，2020年11月19日访问。

❸ 参见郑志龙主编：《行政管理学》，高等教育出版社，2011年版，第188页。

的一种管理制度（管理方法）。代表国家是美国。[1]

特点：

①以“事”为中心，[2] 先根据职位的工作性质、内容按照行业或者性质横向分为为数不多的职组，每个职组再细分为不同的职系，再根据每个职位工作的难易简繁、责任轻重、担任职务所需的教育程度、业务、技术水平等情况纵向划分为若干等级，因此，所有职位就被归入相应职系的相应等级中。[3] 这种分类制度注重工作人员的专业知识和技能，官等与职能重合。[4]

②人随职走，公务人员所在职位的等级就是其本人的等级，职位变动，等级也随之变动。待遇以工作的多少来确定。工资差别与职位的工作难度、责任大小、任务简繁和资格深浅成正比，因此，同工同酬。[5]

③职位分类复杂而详细，职类、职系、职等、职级划分较多，利于培养专才。职位分类有复杂的程序和方法，技术性要求比较高。[6]

（二）品位分类

品位分类是一种以人为对象的分类制度，[7] 即以公务人员所具有的官品官阶、身份、地位、资历、学历等资格条件为依据，将公务人员划分为不同品位等级的管理制度（管理方法）。代表国家是英国，[8] 此外，法国、意大利等国家也实行品位分类。[9]

特点：

①品位分类以“人”为中心，[10] 尤其着眼于人的“品”即“官阶”，它代表地位、等级和资历等，主要考虑人的三大外在因素：学历——受教育程度，

[1] 参见马建川、翟校义著：《公共行政原理》，河南人民出版社，2002年版，第252-253页；郭小聪主编：《行政管理学》，中国人民大学出版社，2012年版，第85页。

[2] 参见马建川、翟校义著：《公共行政原理》，河南人民出版社，2002年版，第253页。

[3] 参见刘俊生著：《中国人事制度概要》，清华大学出版社，2009年版，第61页。

[4] 参见郭小聪主编：《行政管理学》，中国人民大学出版社，2012年版，第85页。

[5] 参见马建川、翟校义著：《公共行政原理》，河南人民出版社，2002年版，第253页。

[6] 参见马建川、翟校义著：《公共行政原理》，河南人民出版社，2002年版，第253页。

[7] 参见郑志龙主编：《行政管理学》，高等教育出版社，2011年版，第188页。

[8] 参见马建川、翟校义著：《公共行政原理》，河南人民出版社，2002年版，第253页。

[9] 参见郭小聪主编：《行政管理学》，中国人民大学出版社，2012年版，第85页。

[10] 参见马建川、翟校义著：《公共行政原理》，河南人民出版社，2002年版，第253页。

资历——经验，职位——任职情况。[1]

②在品位分类中的公务人员，既有官阶，又有职位。官阶标志的是品位等级，代表的是地位的高低、资格的深浅、报酬的多寡。职位标志的则是权力等级，代表着责任的轻重、任务的简繁。因为官与职分离，所以可以有官无职或有职无官，也可以官大职小或者官小职大。因为品随人走，所以职位改变，但品位不变。工资以品位等级确定，所以存在同工不同酬、同酬不同工的现象。[2]

③只对公务人员进行大致分类，分类较少、较粗，也比较简单，不需要复杂的程序和方法，技术性要求比较低，有利于培养通才。[3]

(三) 职位分类和品位分类的优势、劣势与趋向

职位分类的优势和劣势：①优势：岗位责任、绩效标准规范，利于操作；官等、职位、薪酬相结合，有利于实现同工同酬，有利于对工作人员形成激励；规范严格，降低了随意性。②劣势：过于强调“事”的中心地位，忽视了人的主观能动性；操作起来工程浩大，程序复杂，成本较高；过于刻板，缺乏弹性；人员受到专业的局限性较大，发展通道狭窄。[4]

品位分类的优势和劣势：①优势：方法简单，易于操作，利于通才的选拔和培养；重视学历，受教育程度高的人才容易被吸引；重视年资，所以有利于公务人员队伍的稳定；官职分离使得职位变动不影响地位和待遇，所以该系统弹性好，适应性强。②劣势：人在事先的特征使其容易出现因人设岗、职责不清、机构庞大的问题；分类的规范性欠缺，不利于实施科学化管理；过于强调人的学历、背景，使得学历低但能力强的人发展受限；以官阶定薪酬，导致同工不同酬，不利于对工作人员的激励。[5]

趋向：这两种公务人员分类制度各有特点，各有利弊。近年来，也出现

---

[1] 参见郑志龙主编：《行政管理学》，高等教育出版社，2011 年版，第 188 页。
[2] 参见马建川、翟校义著：《公共行政原理》，河南人民出版社，2002 年版，第 253 页。
[3] 参见马建川、翟校义著：《公共行政原理》，河南人民出版社，2002 年版，第 253 页。
[4] 参见郑志龙主编：《行政管理学》，高等教育出版社，2011 年版，第 189 页。
[5] 参见郑志龙主编：《行政管理学》，高等教育出版社，2011 年版，第 188 页。

了两种分类之间的相互渗透、相互趋向，主要表现为：一是采用职位分类的国家，对职位分类的结构进行了逐步简化，对职系数目和职级、职等层次进行了缩减；二是采用品位分类的国家，对职位的系统调查、评价和分类开始重视起来。从20世纪六七十年代开始，英国和美国都对各自的公务员制度进行了改革。英国按照专业和工作对文官职务进行了调整，美国则设置了“高级行政职务”，对其实行“级随人走”的工资制度。[1]

（四）中国人事行政制度

中国人事行政制度受到中国传统品秩制度影响的同时，又受到现代职位分类制度的影响，所以中国人事行政制度是在传统品秩制度基础上吸收了现代职位分类制度的部分内容之后形成的一种过渡性模式，[2]“其核心内容是职务—级别制，是对原先干部职务—等级制的继承”。[3]

三、西方国家公务员制度的共同特点

西方国家在长期发展中形成了有个性，但同时也有共性的公务员制度，主要共同点如下。

（一）职务常任

一般情况下，西方国家公务员可以任职到退休，这是为了保证公务员队伍的稳定性和公务员业务能力的持续性提升，确保政府工作的连续性和效率性。具体而言，职务常任包含两个意思：①公务员无过失不能被解职或者免职，可以长期任职直到退休。②公务员不与政党共进退，公务员任职的长期性不受哪个政党执政的影响，以此保证日常行政工作的连续性不因执政党更迭受到影响。[4]

---

[1] 参见马建川、翟校义著：《公共行政原理》，河南人民出版社，2002年版，第254页。
[2] 参见刘俊生著：《中国人事制度概要》，清华大学出版社，2009年版，第45页。
[3] 参见刘俊生著：《中国人事制度概要》，清华大学出版社，2009年版，第45页。
[4] 参见郭小聪主编：《行政管理学》，中国人民大学出版社，2012年版，第74页。

（二）政治中立

西方国家公务员制度中的政治中立要求公务员忠于国家和社会，超然于党派斗争之外，不介入政党活动等。[1] 不同国家要求公务员保持政治中立的具体做法有所不同。

（三）公开考试，择优录用

几乎所有的西方国家在录用公务员时都秉持这条原则，主要体现在三个方面：①平等是指对报考者不因民族、种族、性别、宗教信仰等因素有所歧视。②公开是指各种录用考试都要事先公告通知，由独立的考试机构负责公开进行，考试合格要通知到本人，考试合格名单要公示以便接受监督。③择优是指依据考试、考核成绩，同时以应考者的学历、资历、品德、健康状况为参考择优录用。[2]

（四）法制管理

西方国家有关公务员的法律、法规等较为健全，对公务员的权利、义务、地位、责任等都作了较为详尽的规定。[3]

四、中国公务员制度的特点

中国在历史、文化、社会等方面与西方国家存在着较大差异，因此，中国公务员制度有自身的特点。

（一）不搞政治中立

与西方国家要求公务员保持政治中立不同，党管干部是中国人事行政的基本原则之一。党管干部原则主要体现在：有关公务员制度的路线、方针、

---

❶ 参见郭小聪主编：《行政管理学》，中国人民大学出版社，2012 年版，第 74 页。

❷ 参见郭小聪主编：《行政管理学》，中国人民大学出版社，2012 年版，第 74 页。

❸ 参见郭小聪主编：《行政管理学》，中国人民大学出版社，2012 年版，第 74 页。

政策由党制定；向机关推荐和确定领导人员；通过各级党组织对公务员中的党员干部进行监督、教育等。[1]

（二）分类管理与统一领导相结合

我国公务员不搞政务官和事务官“两官分途”管理，但是也对公务员进行分类，[2] 包括领导职务和非领导成员，[3] 以及综合管理类、专业技术类和行政执法类。我国公务员领导职务实行选任制、委任制和聘任制；而公务员职级实行委任制和聘任制，[4] 均实行统一领导。所有公务员，无论职务高低，无论工作部门，都是为人民服务的公仆，都要对人民负责，受人民监督；全体公务员都必须接受党的领导，按照党制定的干部管理原则和方法管理；各类公务员可以通过转任等方式实现有序流动。[5]

（三）公务员法的适用范围

西方国家的公务员一般是指通过非选举程序被任命承担政府工作的国家工作人员。[6] 而我国公务员法规定，公务员“是指依法履行公职、纳入国家行政编制、由国家财政负担工资福利的工作人员”。[7] 公务员法从职务、编制、工资福利来源三个方面划定了我国公务员的范围。按照前述规定，“下列机关中除工勤人员以外的工作人员列入公务员范围：（一）中国共产党各级机关；（二）各级人民代表大会及其常务委员会机关；（三）各级行政机关；（四）中国人民政治协商会议各级委员会机关；（五）各级监察机关；（六）各级审判机关；（七）各级检察机关；（八）各民主党派和工商联的各

---

[1] 参见夏书章主编：《行政管理学》，高等教育出版社、中山大学出版社，2018 年版，第 128 页。

[2] 参见夏书章主编：《行政管理学》，高等教育出版社、中山大学出版社，2018 年版，第 128 页。

[3] 参见《中华人民共和国公务员法》（2018）。因为 2018 年修订的公务员法中没有“领导职务系列”与“非领导职务系列”的表述，只有“领导职务”“领导人员”和“非领导成员公务员”的表述，所以笔者在我国公务员分类部分的表述与公务员法保持一致。

[4] 参见《中华人民共和国公务员法》（2018），第十六条、四十条。

[5] 参见夏书章主编：《行政管理学》，高等教育出版社、中山大学出版社，2018 年版，第 128-129 页。

[6] 参见夏书章主编：《行政管理学》，高等教育出版社、中山大学出版社，2018 年版，第 129 页。

[7] 参见《中华人民共和国公务员法》（2018），第二条。

级机关”。[1]《公务员范围规定》还对前述机关中列入公务员范围和不列入公务员范围的人员作出了具体规定。

（四）宗旨是为人民服务

西方国家的公务员通过组织工会等逐渐形成了一个独立、特殊的利益集团，可以借此就自身利益与政府进行对抗，甚至可以要挟、架空政务类官员。我国公务员的权力来自人民，公务员只能用人民赋予的权力为人民服务，不允许以权谋私，没有也不允许为自身利益形成利益集团。[2]

五、中国公务员制度的主要内容

（一）公务员的权利和义务

公务员的权利是“国家通过法律规定，对公务员可以作出某种行为的许可与保障”。[3] 与公务员义务之间是一种有机统一的关系。[4]《中华人民共和国公务员法》第十五条规定公务员享有的权利包括：获得履行职责应当具有的工作条件；非因法定事由、非经法定程序，不被免职、降职、辞退或者处分；获得工资报酬，享受福利、保险待遇；参加培训；对机关工作和领导人员提出批评和建议；提出申诉和控告；申请辞职；法律规定的其他权利。[5]

公务员的义务是“国家通过法律或法规规定的，对公务员必须作出一定行为或不得作出一定行为的约束和强制。公务员的义务对应于公务员身份，当公务员以公民身份行为时还必须履行公民的义务，以党员身份行为时也必须履行党员的义务”。[6]《中华人民共和国公务员法》第十四条规定公务员应当履行的义务包括：忠于宪法，模范遵守、自觉维护宪法和法律，自觉接受

[1] 参见《公务员范围规定》，第四条，共产党员网，http://www.12371.cn/2020/03/13/ARTI1584065135862229.shtml，2020年11月22日访问。

[2] 参见夏书章主编：《行政管理学》，高等教育出版社、中山大学出版社，2018年版，第129页。

[3] 参见刘俊生著：《中国人事制度概要》，清华大学出版社，2009年版，第212页。

[4] 参见夏书章主编：《行政管理学》，高等教育出版社、中山大学出版社，2018年版，第130页。

[5] 参见《中华人民共和国公务员法》（2018），第十五条。

[6] 参见刘俊生著：《中国人事制度概要》，清华大学出版社，2009年版，第248页。

中国共产党领导；忠于国家，维护国家的安全、荣誉和利益；忠于人民，全心全意为人民服务，接受人民监督；忠于职守，勤勉尽责，服从和执行上级依法作出的决定和命令，按照规定的权限和程序履行职责，努力提高工作质量和效率；保守国家秘密和工作秘密；带头践行社会主义核心价值观，坚守法治，遵守纪律，恪守职业道德，模范遵守社会公德、家庭美德；清正廉洁，公道正派；法律规定的其他义务。[1]

（二）公务员录用

公务员录用是指国家有关机关按照标准，通过法定程序和方法，从社会录用担任一级主任科员以下及其他相当职级层次的公务员，并与之建立公务员权利义务关系的行为。公务员录用采取公开考试、严格考察、平等竞争、择优录取的办法。[2]

《中华人民共和国公务员法》除了规定录用为公务员需要符合的条件之外，在第二十六条还规定了不得录用为公务员的情形：因犯罪受过刑事处罚的；被开除中国共产党党籍的；被开除公职的；被依法列为失信联合惩戒对象的；有法律规定不得录用为公务员的其他情形的。[3]

录用程序包括发布招考公告、资格审查、对资格审查合格者进行考试、对考试合格者进行录用考察、体检等。[4]

考试录用机关即掌管考试录用权的机关的设计通常有两种模式。一种是集权制模式，即设置单一的考试录用机关，由其行使和考试录用相关的所有权力，但该机关可以依法授权或者委托用人机关、其他机关、社会组织行使考试录用过程中的某些权力。另一种是分权制模式，即考试录用权力由不同机关分别掌管，或者设置考试录用的主管机关，但主管机关与用人机关分享考试权。[5]“两种模式涵盖四种情况，即不可以授权的集权模式（完全集权）、

---

[1] 参见《中华人民共和国公务员法》（2018），第十四条。

[2] 参见《中华人民共和国公务员法》（2018），第二十三条；夏书章主编：《行政管理学》，高等教育出版社、中山大学出版社，2018 年版，第 131 页。

[3] 参见《中华人民共和国公务员法》（2018），第二十六条。

[4] 参见《中华人民共和国公务员法》（2018），第二十八至三十四条。

[5] 参见刘俊生著：《中国人事制度概要》，清华大学出版社，2009 年版，第 90 页。

可以授权的集权模式（有限集权）、独立制衡的分权模式（完全分权）和非独立制衡的分权模式（有限分权）。从整体上看，中国的考试录用管理体制属于非独立制衡的分权模式。”❶

根据考试录用过程中各种职能的划分和权限的配置，中国公务员考试录用机关分为三大类：主管机关、招录机关、审批机关。❷

主管机关：中国公务员主管机关实行二级体制。即公务员考试录用主管机关只设置中央和省两级，中央和省级公务员主管部门就是考试录用主管部门，设区的市级以下不设置公务员考试录用主管机关，但是如果省级主管部门认为有必要，则可以授权设区的市级公务员主管部门组织。在公务员考试录用主管机关的权限中，“考试权”是其核心权限。❸根据岗位要求的不同，有的岗位除了要进行公共科目考试和面试以外，还要进行专业科目考试。目前，我国公务员考试录用主管机关只行使公共科目考试权，专业科目考试权和面试权其实都由招录机关行使。❹

招录机关：即用人机关。其法定权限主要包括：①对报考申请的资格审查权；②考察权，即从考试合格人员中确定考察人选并进行考察的权力；③提出拟录用人员名单的权力。其中考察权是最具有实质意义的权力。加之，用人机关实际上还掌握着专业科目考试权和面试权，因此，这种状况强化了公务员选拔和任用的一体化程度，与选任分离从而形成相互制约的官员选拔制度的现代设计理念有一定偏离。❺

审批机关：是指掌握最终录用名单批准权力的机关。我国公务员的录用审批实行三级制，即中央、省级和设区的市级。中央一级招录机关将拟录用名单报中央主管部门备案，但这里其实不是严格意义上的审批权，只是备案权，因为实际决定权由中央各个招录机关掌握。省级各个招录机关将拟录用人员名单报省级主管部门审批。设区的市级以下各个招录机关将拟录用人员

---

❶ 参见刘俊生著：《中国人事制度概要》，清华大学出版社，2009年版，第90页。

❷ 参见刘俊生著：《中国人事制度概要》，清华大学出版社，2009年版，第90页。

❸ 参见刘俊生著：《中国人事制度概要》，清华大学出版社，2009年版，第90页；《中华人民共和国公务员法》（2018），第二十四条。

❹ 参见刘俊生著：《中国人事制度概要》，清华大学出版社，2009年版，第90-91页。

❺ 参见刘俊生著：《中国人事制度概要》，清华大学出版社，2009年版，第91页。

名单报设区的市级公务员主管部门审批。[1]

（三）考核、奖励与惩戒

（1）考核

考核是指有关机关按照管理权限，就德、能、勤、绩、廉对公务员进行考察和评价，重点考核工作实绩。考核目的包括：①全面了解公务员基本素质、才能、贡献，以发现和选拔优秀人才；②对公务员的德才表现和工作情况作出公正合理的评价，作为奖惩、培训、辞退等管理工作的依据；③实现对公务员的合理使用。[2]

在实践中形成了三种基本考核方法：①领导考核和群众考核相结合。这种考核方法是行政首长负责制和党的群众路线工作方法在公务员考核工作中的具体运用和体现，特别是领导干部的考核更应该通过不同形式让群众直接参与，自觉接受群众监督，提升考核工作的透明度。②平时考核和定期考核相结合。这种方法体现了考核的连续性和阶段性。平时考核随时进行，为定期考核提供依据，重点考核公务员完成日常工作任务、阶段工作目标情况和出勤情况。定期考核是按照一定时间期限和规定的内容与程序进行考核，分为届中考核、届末考核和年度考核。[3] 年度考核适用于公务员中的非领导成员，[4] 届中或届末考核适用于领导成员。[5] 平时考核只作记录不定等次，定期考核要评定等次。[6] ③定性考核和定量考核相结合。这种方法体现了考核的模糊性和确定性相平衡的特点。定性考核是对公务员德、能、勤、绩、廉五个要素作出主观好坏、优劣的直观性评价，定量考核则是对以上五个要素用分数作出数量化的抽象评价。现实考核中使用的主观评定和量化打分就是定性

---

[1] 参见刘俊生著：《中国人事制度概要》，清华大学出版社，2009年版，第91页；《中华人民共和国公务员法》（2018），第三十二条。

[2] 参见夏书章主编：《行政管理学》，高等教育出版社、中山大学出版社，2018年版，第132页。

[3] 参见刘俊生著：《中国人事制度概要》，清华大学出版社，2009年版，第157页。

[4] 参见夏书章主编：《行政管理学》，高等教育出版社、中山大学出版社，2018年版，第132页。

[5] 参见刘俊生著：《中国人事制度概要》，清华大学出版社，2009年版，第159页。

[6] 参见刘俊生著：《中国人事制度概要》，清华大学出版社，2009年版，第157页。

考核和定量考核相结合的表现形式。[1]

（2）奖励

奖励是指有关机关按照相关规定，对工作表现突出、有显著成绩和贡献或者有其他突出事迹的公务员或者公务员集体给予精神奖励和物质奖励，以精神奖励为主的人事行政行为。[2]

从奖励的定义可以看出，公务员奖励针对的是两种情形：一是工作成绩突出，强调对公务员在履职过程中的敬业行为进行奖励；二是有其他突出事迹，强调对公务员在本职工作以外有突出事迹且产生良好社会影响的行为进行奖励。[3]

“奖励分为：嘉奖、记三等功、记二等功、记一等功、授予称号。”[4]

（3）惩戒

惩戒是指有关机关对公务员的违法违纪行为实施处分的人事行政行为。[5]《中华人民共和国公务员法》第六十一条规定：“公务员因违纪违法应当承担纪律责任的，依照本法给予处分或者由监察机关依法给予政务处分；违纪违法行为情节轻微，经批评教育后改正的，可以免予处分。对同一违纪违法行为，监察机关已经作出政务处分决定的，公务员所在机关不再给予处分。”[6]公务员法包括的处分类型有“警告、记过、记大过、降级、撤职、开除”。[7]

（四）职务任免与职务、职级升降

公务员职务任免其实是公务员任职和免职的统称。[8]《中华人民共和国公务员法》规定：“公务员领导职务实行选任制、委任制和聘任制。公务员职级实行委任制和聘任制。”[9]

---

[1] 参见刘俊生著：《中国人事制度概要》，清华大学出版社，2009 年版，第 157 页。
[2] 参见《中华人民共和国公务员法》（2018），第五十一条。
[3] 参见刘俊生著：《中国人事制度概要》，清华大学出版社，2009 年版，第 177 页。
[4] 参见《中华人民共和国公务员法》（2018），第五十三条。
[5] 参见夏书章主编：《行政管理学》，高等教育出版社、中山大学出版社，2018 年版，第 133 页。
[6] 参见《中华人民共和国公务员法》（2018），第六十一条。
[7] 参见《中华人民共和国公务员法》（2018），第六十二条。
[8] 参见夏书章主编：《行政管理学》，高等教育出版社、中山大学出版社，2018 年版，第 133 页。
[9] 参见《中华人民共和国公务员法》（2018），第四十条。

选任制是指按照相关规定，通过民主选举方式确定任用对象的任用方式。[1]“选任制公务员在选举结果生效时即任当选职务；任期届满不再连任或者任期内辞职、被罢免、被撤职的，其所任职务即终止。”[2]

委任制是指任免机关在任免权限内，直接委派特定工作人员担任一定职务的任用方式。[3]

聘任制：“机关根据工作需要，经省级以上公务员主管部门批准，可以对专业性较强的职位和辅助性职位实行聘任制。前款所列职位涉及国家秘密的，不实行聘任制。”“聘任制公务员与所在机关之间因履行聘任合同发生争议的，可以自争议发生之日起六十日内申请仲裁。”“当事人对仲裁裁决不服的，可以自接到仲裁裁决书之日起十五日内向人民法院提起诉讼。”[4]

公务员职务、职级升降：是指公务员机关根据工作需要和公务员本人的工作表现、德才情况，在其法定权限范围内，按照法定程序提高或者降低公务员职务、职级的人事行政行为。[5]

免职：政府组成人员的免职和非政府组成人员的免职有所不同。政府组成人员任职届满时，职务自然消亡。任期中，同级人民代表大会举行会议期间或者闭会期间，法定情况出现时，可以提出罢免案。[6]

非政府组成人员的免职包括自然免职和非自然免职两种。自然免职是指当某些特定情况出现时，公务员的职务就自行免除，不需办理免职手续，但是公务员所在单位要报任免机关备案。这些情况包括受到刑事处罚的、受到行政撤职或者开除处分的、被辞退的、因机构变动失去职位的、死亡的。[7] 非自然免职是指当某些特定情况发生时，公务员的职务不能自动免除，须由任免机关办理免职手续。[8] 非自然免职又包括程序性免职和单纯性免职。程序性

---

[1] 参见夏书章主编：《行政管理学》，高等教育出版社、中山大学出版社，2018 年版，第 133 页。

[2] 参见《中华人民共和国公务员法》（2018），第四十一条。

[3] 参见夏书章主编：《行政管理学》，高等教育出版社、中山大学出版社，2018 年版，第 134 页。

[4] 参见《中华人民共和国公务员法》（2018），第一百条、第一百零五条。

[5] 参见夏书章主编：《行政管理学》，高等教育出版社、中山大学出版社，2018 年版，第 134 页；《中华人民共和国公务员法》（2018），第四十五条至五十条。

[6] 参见刘俊生著：《中国人事制度概要》，清华大学出版社，2009 年版，第 109-110 页。

[7] 参见刘俊生著：《中国人事制度概要》，清华大学出版社，2009 年版，第 111 页。

[8] 参见刘俊生著：《中国人事制度概要》，清华大学出版社，2009 年版，第 111-112 页。

免职发生在公务员职位任职发生变化时，对公务员实施免职是为了任命其担任新的职务。单纯性免职则发生在公务员离职之时，免职是为了暂时或者长久地解除公务员与政府的行政职务关系。[1]

（五）培训、交流与回避

1. 培训

培训是“党政机关根据公务员工作职责的要求和提高公务员素质的需要，通过各种形式，有计划、有组织地对公务员进行的以政治理论、政策法规、业务知识、文化素养和工作技能为主要内容的教育和训练，以开发公共人力资源的人事行政行为”。[2]

在经济社会高速发展的当代，公务员的知识储备、工作技能、工作方法等都需要跟上时代步伐，所以对公务员开展终身培训是政府必做的工作。“二战”之后，各国逐渐重视公务员培训，发展到今天，各国公务员培训呈现出以下发展趋势：①全员化的培训对象。培训对象由过去的以新录用人员为主，转变为将全部公务员都纳入培训网络。[3] ②均衡化的价值理念。传统公务员培训的价值取向是效率，当今公务员培训的价值取向在效率之外，更注重公平理念的塑造，在公平和效率之间追求平衡。③国际化的培训走向。传统的公务员培训主要是在国内进行，当代公务员培训则走向了国际化。④多元化的培训机构。传统的公务员培训由党政机关自行组织或者由党校和行政学院组织，而当代，大学和社会培训机构也承担了大量的公务员培训任务。⑤法制化的管理。各个国家重视公务员培训的表现之一就是把公务员培训纳入法制轨道，多数国家都在本国公务员法中规定了培训的相关条款。[4]

2. 交流

交流是指根据机关工作需要或者公务员个人愿望通过调任、转任、挂职

---

[1] 参见刘俊生著：《中国人事制度概要》，清华大学出版社，2009 年版，第 112 页。
[2] 参见刘俊生著：《中国人事制度概要》，清华大学出版社，2009 年版，第 167 页。
[3] 参见刘俊生著：《中国人事制度概要》，清华大学出版社，2009 年版，第 168 页。
[4] 参见刘俊生著：《中国人事制度概要》，清华大学出版社，2009 年版，第 169 页。

的方式平行变换公务员的工作职位的职务管理行为。[1]

调任即调入任职，是指“国有企业、高等院校和科研院所以及其他不参照本法管理的事业单位中从事公务的人员，可以调入机关担任领导职务或者四级调研员以上及其他相当层次的职级”[2] 的交流方式。

转任是指“公务员因工作需要或者其他正当理由在公务员系统内部转换职位的交流方式”。[3] 转任可以在本部门、本单位进行，也可以跨地区、跨部门进行。[4]

挂职是指“根据工作需要，机关可以采取挂职方式选派公务员承担重大工程、重大项目、重点任务或者其他专项工作。公务员在挂职期间，不改变与原机关的人事关系”。[5]

3. 公务员回避

公务员回避是指“为防止公务员利用职权为亲情徇私舞弊而对其任职和执行公务有所限制的职务管理行为”。[6] 以任命职务时回避，还是执行公务时回避为标准，可将公务员回避分为职务回避和公务回避。[7]

（1）职务回避

职务回避是指“公务员在被任命职务时的回避，即为避嫌而不担任某个职务”。[8] 职务回避又分为任职回避和地域回避。[9]

任职回避是指“公务员之间有夫妻关系、直系血亲关系、三代以内旁系血亲关系以及近姻亲关系的，不得在同一机关双方直接隶属于同一领导人员的职位或者有直接上下级领导关系的职位工作，也不得在其中一方担任领导职务的机关从事组织、人事、纪检、监察、审计和财务工作。公务员不得在

---

[1] 参见刘俊生著：《中国人事制度概要》，清华大学出版社，2009 年版，第 116 页；《中华人民共和国公务员法》（2018），第六十九条至七十二条。

[2] 参见《中华人民共和国公务员法》（2018），第七十条。

[3] 参见刘俊生著：《中国人事制度概要》，清华大学出版社，2009 年版，第 118 页。

[4] 参见刘俊生著：《中国人事制度概要》，清华大学出版社，2009 年版，第 118 页。

[5] 参见《中华人民共和国公务员法》（2018），第七十二条。

[6] 参见刘俊生著：《中国人事制度概要》，清华大学出版社，2009 年版，第 125 页。

[7] 参见刘俊生著：《中国人事制度概要》，清华大学出版社，2009 年版，第 126 页。

[8] 参见刘俊生著：《中国人事制度概要》，清华大学出版社，2009 年版，第 126 页。

[9] 参见刘俊生著：《中国人事制度概要》，清华大学出版社，2009 年版，第 126 页。

其配偶、子女及其配偶经营的企业、营利性组织的行业监管或者主管部门担任领导成员”。[1]

“因地域或者工作性质特殊，需要变通执行任职回避的，由省级以上公务员主管部门规定。”[2]

公务员地域回避是指“公务员担任县、乡党委、政府正职领导成员的，应当实行地域回避，一般不得在本人成长地担任市（地、盟）党委、政府正职领导成员；公务员担任县级纪检机关、组织部门、人民法院、人民检察院、公安部门正职领导成员的，应当实行地域回避，一般不得在本人成长地担任市（地、盟）纪检机关、组织部门、人民法院、人民检察院、公安部门正职领导成员”。[3]

领导干部的地域回避是指“领导干部不得在本人成长地担任县（市）党委和政府以及纪委监委、组织部门、法院、检察院、公安部门主要领导成员，一般不得在本人成长地担任市（地、盟）党委和政府以及纪委监委、组织部门、法院、检察院、公安部门主要领导成员”。[4]

其实前述两种地域回避规定的内容基本一致，只是适用对象不同，前者的适用对象是公务员，后者的适用范围仅限于“县级以上地方各级党委、人大常委会、政府、政协、纪委监委、法院、检察院及其工作部门领导成员或者机关内设机构担任领导职务的人员”。[5]

（2）公务回避

公务回避是指“公务员在履行职务时的回避，即为避嫌而不负责处理某项公务”。[6]

---

[1] 参见《中华人民共和国公务员法》（2018），第七十四条。

[2] 参见《中华人民共和国公务员法》（2018），第七十四条。

[3] 参见《我国出台规定进一步规范公务员回避制度》，中华人民共和国人力资源和社会保障部，http://www.mohrss.gov.cn/SYrlzyhshbzb/dongtaixinwen/buneiyaowen/201202/t20120224_94950.htm，2020年11月23日访问。

[4] 参见《党政领导干部选拔任用工作条例》（2019），第五十二条，共产党员网，http://www.12371.cn/2019/03/17/ARTI1552825567208273.shtml，2020年11月23日访问。

[5] 参见《党政领导干部选拔任用工作条例》（2019），第四条，共产党员网，http://www.12371.cn/2019/03/17/ARTI1552825567208273.shtml，2020年11月23日访问。

[6] 参见刘俊生著：《中国人事制度概要》，清华大学出版社，2009年版，第126页。

应当回避的情形包括："涉及本人利害关系的；涉及与本人有本法第七十四条第一款所列亲属关系人员的利害关系的；其他可能影响公正执行公务的。"[1]

其中，《中华人民共和国公务员法》第七十四条所列亲属关系是指"夫妻关系、直系血亲关系、三代以内旁系血亲关系以及近姻亲关系"。[2]

（六）公务员辞职、辞退、退休

辞职是指公务员根据本人意愿，按照法律规定，在一定条件下，辞去公务员职务，解除与公务员机关关系的行为。[3]

辞职和辞去领导职务不同，辞去领导职务的主体是党政机关领导干部，辞去领导职务的结果是领导职务的消失，但仍保留公务员身份，还要接受合适的公职安排；而辞职的主体是全体公务员，辞职的结果是丧失公务员身份。[4]

辞退是指"党政机关依照法律规定，解除其与公务员之间的职务关系，使其退出公职系统的行为"。[5] 需要注意的是，辞退并不是处分形式，而是正常的职务管理手段。[6]

退休是指"公务员因达到规定年龄或者工作时间达到一定年限或者因丧失工作能力而退出公职系统的行为"。[7]

（七）职位聘任

职位聘任是指公务员机关与所聘公务员秉承平等自愿、协商一致的原则，签订书面聘任合同，确定机关和所聘任的公务员双方的权利义务关系的一种任职方式。[8]

---

[1] 参见《中华人民共和国公务员法》（2018），第七十六条。
[2] 参见《中华人民共和国公务员法》（2018），第七十四条。
[3] 参见夏书章主编：《行政管理学》，高等教育出版社、中山大学出版社，2018 年版，第 135 页。
[4] 参见刘俊生著：《中国人事制度概要》，清华大学出版社，2009 年版，第 130、139 页。
[5] 参见刘俊生著：《中国人事制度概要》，清华大学出版社，2009 年版，第 141 页。
[6] 参见刘俊生著：《中国人事制度概要》，清华大学出版社，2009 年版，第 141 页。
[7] 参见刘俊生著：《中国人事制度概要》，清华大学出版社，2009 年版，第 143 页。
[8] 参见夏书章主编：《行政管理学》，高等教育出版社、中山大学出版社，2018 年版，第 136 页。

《中华人民共和国公务员法》规定："机关根据工作需要，经省级以上公务员主管部门批准，可以对专业性较强的职位和辅助性职位实行聘任制。前款所列职位涉及国家秘密的，不实行聘任制。"[1] "聘任合同期限为一年至五年。聘任合同可以约定试用期，试用期为一个月至十二个月。聘任制公务员实行协议工资制，具体办法由中央公务员主管部门规定。"[2]

[1] 参见《中华人民共和国公务员法》(2018)，第一百条。

[2] 参见《中华人民共和国公务员法》(2018)，第一百零三条。

第六章 行政领导

在一个集体或者群体中，如果要通过集体或者群体的努力完成一个目标，就需要领导，这个领导既指领导者，也指领导活动。行政管理作为政府活动，自然是一种集体活动，这种集体活动更需要一个有领导能力的领导者带领被领导者开展领导活动，如此才能实现行政管理的目标。

第一节 行政领导概述

一、领导的含义与特点

（一）领导的含义

关于何为“领导”，不同学者给出了不同的界定。

美国管理学家 J. M. 费富纳和 R. V. 普里休士认为：“领导就是协调与激励个人和团体，以获得预期目标的一种艺术。”[1]

美国管理学家 H. 孔茨等认为：“领导是激发部属的热情与信心，以完成

[1] 参见 J. M. 费富纳、R. V. 普里休士：《行政学》，英文版，罗纳德出版公司，1960 年版，第 92 页。转引自曹现强、王佃利主编：《行政管理学》，清华大学出版社，2011 年版，第 119 页。

工作使命的艺术。"❶

美国管理学家O. 狄德认为："领导是影响他人，并使其合作无间，共同趋向于所期待的目标和行动的一种力量。"❷

前述学者主要从管理学角度对何为"领导"进行了界定，尽管表述不同，但本质上都包括以下内容：一是领导是为了实现一定目标或者完成使命；二是实现目标或者完成使命需要一个集体的共同努力与合作；三是领导就是让集体共同为一个目标或者使命而努力的一种活动，也可以称之为艺术或者力量。

综上所述，本章所讲的领导是指在一定的环境中，为实现既定组织目标，领导者对被领导者实施指挥和统御的行为过程。❸

可见，领导活动是发生在一定的环境条件下的。因此，环境条件限定了领导活动能够施展的范围，采取的方式、方法、手段等，同样也限定了领导活动最终的结果。

需要明确的是，领导作为一种活动，它不是直接的社会劳动，而是间接的协调性劳动。❹

另外，我们在日常口语中所说的领导往往是指领导者个体，是一个名词，而不是指领导活动或者领导过程。

（二）领导的特点

领导是一种社会组织系统，由领导者、被领导者和环境三个要素构成。①领导者是指在组织中发挥组织、决策、指挥等职能的个体或者集体，在领导活动中处于主导地位。❺ ②被领导者是指为实现领导目标，按照领导者的决策和意图，开展具体活动的个体或者集体，是实现组织目标的基本力量。从

---

❶ 参见H. 孔兹、C. 奥唐奈：《管理原理》，英文版，麦格罗-希尔图书公司，1955年版，第577页。转引自曹现强、王佃利主编：《行政管理学》，清华大学出版社，2011年版，第119页。

❷ 参见O. 狄德：《领导艺术》，英文版，麦格罗-希尔图书公司，1951年版，第5页。转引自曹现强、王佃利主编：《行政管理学》，清华大学出版社，2011年版，第119页。

❸ 参见夏书章主编：《行政管理学》，高等教育出版社、中山大学出版社，2018年版，第85页。

❹ 参见郑志龙主编：《行政管理学》，高等教育出版社，2011年版，第145页。

❺ 参见夏书章主编：《行政管理学》，高等教育出版社、中山大学出版社，2018年版，第85页。

最一般意义上说，领导者和被领导者之间是权威与服从的关系。[1] 但需要说明的是，被领导者也是人，而人具有主观能动性，只是程度不同而已。因此，在被领导者服从于领导者的同时，并不是说被领导者没有自己的独立思想与思考，相反，领导意图的实现、组织目标的达成其实都需要被领导者具备独立思考的能力，充分发挥主观能动性，在服从领导者领导的同时，发挥才智实现领导者意图和组织目标。从这个角度来看，作为被领导者并不是只要服从命令即可，还要知道怎样最好或者最佳地完成领导者发出的命令。只有这样，才有可能成为一名优秀的被领导者。③环境是指独立于领导者和被领导者之外的客观存在，是对领导活动产生影响的各种因素之和。[2] 事实上，被领导者也可以被认为是环境因素之一，而且是一种关键的环境因素。在其他环境因素基本一致的情况下，领导者不变，领导方法、方式、手段等不变，如果被领导者不同，就会对领导活动产生较大甚至关键影响。因为不同的被领导者可能会选择不同的方法完成领导者命令，这就可能导致目标实现周期长短不同、实现程度不同等不同的结果；此外，不同的被领导者对不同领导方法、方式、手段等的接受和适应程度不同，对领导者指示的理解能力不同等，也会导致不同的领导结果，从广义上讲，对于领导者而言，被领导者也是环境因素之一。

综上所述，要想让组织的行动是朝着实现组织目标而努力的，就要保证领导者和被领导者开展的活动是适应环境的，这又以领导者和被领导者对环境形成正确的认知为前提；只有正确地认识环境，才有可能适应环境，并在此基础之上去利用环境、改造环境。从知人善任的角度讲，领导者还需要对工作任务和被领导者形成正确认知，只有正确地知人和识事，才有可能做到知人善任，领导者才能够最大限度地保证领导活动符合环境要求和被领导者特性，从而最大程度地实现组织目标。例如，始于 2020 年年初的新冠肺炎疫情直到 2020 年年末也没有结束，在疫情防控常态化的形势下，工作和生活都要继续，并且尽量不受疫情影响。在这方面，中国表现优异。中国不仅用 3

---

[1] 参见夏书章主编：《行政管理学》，高等教育出版社、中山大学出版社，2018 年版，第 85-86 页。

[2] 参见夏书章主编：《行政管理学》，高等教育出版社、中山大学出版社，2018 年版，第 86 页。

个月时间控制住了国内疫情，而且还在控制疫情的同时，尽力复工复产。经过不懈努力，在国外民众的生产和生活仍受疫情影响的同时，中国民众已经基本实现了生产、生活的正常化。尽管仍有地方出现零星感染和确诊病例，但各级政府行动非常迅速，几乎都能够在极短时间内找到感染源头，让感染者得到妥善治疗，无症状感染者和密切接触者也都会得到妥善安排。这与中国政府对新冠肺炎疫情这一当下最突出的环境因素的正确认知和高度敏感，以及坚持不懈地严防死守分不开。领导者决策正确，被领导者行动迅速，民众高度配合，才有了来之不易的局面。

领导是一个动态的行为过程。领导的三个要素构成两对基本矛盾，即领导者和被领导者之间的矛盾，领导活动参与主体（包含领导者和被领导者）和领导活动客体之间的矛盾。[1] 尽管被领导者要服从领导者的命令，但是领导者也需要从被领导者处获取信息和建议，所以二者之间的关系其实是建立在互动基础上的，只是互动程度和互动方式因人而异，主要是因领导者而异。同时，领导者和被领导者又构成一个整体共同与领导活动客体之间形成互动，从而推动法律、政令等的实施。

领导是高层次的管理。高层次的管理是宏观管理，也被称为战略管理，主要处理方针性、原则性问题。[2] 在生产力水平较低时，社会活动相对简单，领导与管理彼此不分。随着生产力的发展，尤其是随着现代化大生产的兴起，社会活动越来越复杂，领导与管理开始分化，领导作为一种相对独立的高层次的管理活动而存在。二者虽有区别，但亦有联系。领导是管理的灵魂，管理则是领导的基础，领导指引管理，管理为领导提供保障。[3]

领导是体现高度权威的管理活动。权威可以理解为“威望+权力”。领导权威体现在领导者和被领导者之间的关系上时，在反映出领导者的权力和威望的同时，也反映出被领导者对领导者权力和威望的服从与认可。[4] 尽管权力和威望经常以合体，即“权威”的形式被提及，其实细究起来，二者还是有

---

[1] 参见夏书章主编：《行政管理学》，高等教育出版社、中山大学出版社，2018 年版，第 86 页。
[2] 参见夏书章主编：《行政管理学》，高等教育出版社、中山大学出版社，2018 年版，第 86 页。
[3] 参见郑志龙主编：《行政管理学》，高等教育出版社，2011 年版，第 146 页。
[4] 参见夏书章主编：《行政管理学》，高等教育出版社、中山大学出版社，2018 年版，第 86 页。

区别的。因为有权力未必有威望，有威望也未必有权力。权力的来源是一个组织中的职位，即有职位才会有相应的权力，也就是在其位者掌其权。而威望的来源不见得是职位，可以是人品、才华等，所以有威望者未必在其位掌其权。有威望的人不管是否掌握一定权力都会获得他人尊重，这种尊重与权力无关，只与个人有关。如果掌握一定权力，则是权力与威望皆有，才叫作有权威。掌握权力的人通常会获得他人尊重，但如果缺少威望的辅助，则这种尊重只是与权力有关，与个人无关。对于领导者而言，在其位掌其权是开展领导活动的基础，如果领导者个人还有一定威望，往往能够对领导活动产生助推作用。

二、领导与管理的区别

领导和管理的分化以及人们对二者区别的认知是一个自然历史过程。19世纪中期，随着社会活动规模的扩大和社会分工的发展，所有权和经营权发生了分离。20世纪初，泰勒提出的计划（管理）职能与执行职能分开的科学管理理论，开创了社会管理的新纪元。随着决策现象的凸显，对领导、管理、决策与执行四者关系的研究随之凸显。在归纳研究中发现领导和决策的联系、管理和执行的联系，由此，逐渐形成领导就是决策、管理就是执行的看法，从而认识到二者本质的不同。❶

表 6-1　管理和领导的区别❷

	管理	领导
指引方向	计划和预算 目光关注底线	创造愿景和战略 目光保持在水平线上
团结员工	组织员工 指导和控制 设置界限	营造共享的文化和价值 帮助他人成长 减少界限

❶ 参见夏书章主编：《行政管理学》，高等教育出版社、中山大学出版社，2018 年版，第 87 页。
❷ 转引自曹现强、王佃利主编：《行政管理学》，清华大学出版社，2011 年版，第 123 页。

续表

	管理	领导
建立关系	关注实物：生产/销售产品或服务 基于职权 像老板一样行事	关注个人：激发和鼓励追随者 基于个人的力量 像教练、维修工或服务员一样行事
个人素质	情感上疏远 专业思维 健谈 趋同 对组织深入了解	情感上接近（心理） 思维开放（思维） 善于倾听（交流） 多样（勇气） 对个体深入了解（诚信）
组织产出	保持稳定	多变，甚至剧变

表6-1是国外研究者从指引方向、团结员工、建立关系、个人素质和组织产出五个方面对领导和管理的区别进行的对比，比较容易理解。在指引方向方面，“领导”要创造愿景，对这一点我们应该有比较深刻的体会。例如，中国梦、亚太梦、人类命运共同体，既是一种理念，也是一种愿景。为了实现中国梦，每一个中国人都要努力奋斗；为了实现亚太梦，中国和亚太地区的国家要共同努力，合作互利；为了构筑人类命运共同体，需要世界各国的合作，需要世界各国都形成共存共荣共赢的意识。中国为了践行人类命运共同体理念，在2020年的世界卫生大会上承诺：“中国新冠疫苗研发完成并投入使用后，将作为全球公共产品，为实现疫苗在发展中国家的可及性和可担负性作出中国贡献。”[1] 这是中国为了实现人类命运共同体这一愿景而作出的中国贡献，是一种具体行动。要让该具体行动成为现实，就要保证新冠疫苗的研发速度和质量，这又涉及具体的管理工作。

尽管领导经常和决策联系在一起，管理经常和执行联系在一起，二者存在明显区别，但是在实践中，二者的界限未必那么泾渭分明。管理者也需要做决策，管理过程中的问题不可能事事请示领导，中层管理者和基层管理者，尤其是基层管理者同样需要做决策，只不过做的是执行性的决策，不涉及原则和方向性问题。

[1] 参见《中国新冠疫苗将成全球公共产品》，人民网，http://health.people.com.cn/n1/2020/0519/c14739-31714282.html，2020年11月30日访问。

三、领导和管理工作的专业化及其意义

通俗地说，领导和管理工作专业化就是指有专人来做领导和管理工作。在西方，领导和管理专业化经历了两次转型。一次是“硬专家”转行做领导和管理工作。这一转变是随着生产劳动专业化的出现和发展而出现的，在这一背景下，领导、管理工作从缺乏专业知识的老板手里转移到了拥有专业知识和高超生产技术的“硬专家”手里。[1] 由“硬专家”从事领导和管理工作可以避免出现外行指导内行情况的发生，在业务领域的决策和实践能够做到专业和精准。

另一次是“软专家”的产生。20 世纪中期，财产所有权和经营权分离导致领导、管理工作的专业化和知识化，由此推动了生产力和社会生活各方面的发展。随着生产社会化程度的提高、企业规模的增长，领导和管理作为相对独立的专业活动的需求也越来越迫切，因为业务上的“内行”极有可能是领导和管理上的“外行”，所以具备领导、管理知识的“软专家”逐渐成为各级领导者和管理者。“软专家”群体的出现让领导、管理工作专业化成为现实。[2]“软专家”的出现说明了领导和管理工作的重要性，相对于业务上需要的技术而言，领导和管理工作水平是一个组织软实力的体现。可以说，当技术这种硬实力不相上下时，那么软实力就显得举足轻重了。

综上可知，在一个领导集体中，既需要“硬专家”，以免决策出现专业性错误，又需要“软专家”，以保证领导和管理工作高效开展，为组织减少内耗，提升运转效率和效能，体现领导和管理的价值。事实上，要做好领导和管理工作，单纯的“软专家”或者“硬专家”都可能无法胜任，“软”“硬”兼备几乎是优秀的领导者或者管理者的必备技能，尤其是管理者，会更多地与业务工作接触，专业知识和技能是必不可少的，但是因为从事管理工作，所以对人的了解也不能亚于对业务的了解。因此，在选拔领导干部时，不仅

---

[1] 参见夏书章主编：《行政管理学》，高等教育出版社、中山大学出版社，2018 年版，第 88 页。

[2] 参见夏书章主编：《行政管理学》，高等教育出版社、中山大学出版社，2018 年版，第 88、89 页。

需要考察其业务技能，还要考察其领导和管理能力及其潜力，否则可能会白白耽误一个业务精英的成长。反之，在一个备选干部的“软”实力非常突出的情况下，要看其拟任职位对业务能力的要求程度。如果拟任职位对业务能力要求很高，那么仅有过硬的“软”实力就不行，还得有过硬的“硬”实力；如果拟任职位对业务能力要求不是很高，而“软”实力突出的备选者具备一定的“硬”实力且能应对工作，那么可以考虑试用，毕竟领导者和管理者尤其是领导者的大部分工作不是亲自完成业务工作，而是激励下属高质量、高效率地完成业务工作。

四、行政领导的含义、特点、地位、作用

（一）行政领导的含义

行政领导是领导活动的一种，关于何为行政领导，我国学者给出了不同的界定。

我国台湾地区行政学家张金鉴认为，行政领导是机关各级主管适应下属的需要和心意，运用各种方法和措施，激励下属积极参与事务，以共同努力、有效完成机关使命和任务。❶

张国庆等认为，“行政领导是指国家行政机关中主管职能的承担者，依法行使国家权力，组织和管理行政事务的行政活动的总称”。❷

许文惠等认为，行政领导是指国家行政机关及其领导者依法行使国家权力，通过决策、组织、协调、控制等方式，引导和影响所辖成员，共同完成行政目标的活动。❸

王沪宁等认为，“行政领导是通过指挥和说服组织内的个体和群体，在一

❶ 参见张金鉴：《行政学新论》，三民书局股份有限公司，1984 年版，第 428 页。转引自曹现强、王佃利主编：《行政管理学》，清华大学出版社，2011 年版，第 119 页。

❷ 参见张国庆：《行政管理学概论》，北京大学出版社，2000 年版，第 238 页。转引自曹现强、王佃利主编：《行政管理学》，清华大学出版社，2011 年版，第 119 页。

❸ 参见许文惠：《行政管理学》，人民出版社，1997 年版，第 183 页。转引自曹现强、王佃利主编：《行政管理学》，清华大学出版社，2011 年版，第 119 页。

定条件下实现组织某种目标的活动过程，而致力于这种活动过程的人，就是领导者”。[1]

尽管前述界定表述不同，但是都包括几个共同要素：一是行政领导活动是针对人的活动；二是行政领导的目的是实现一定的组织目标；三是行政领导者要实现的目标需要通过激励下属积极工作才能实现。

综上所述，本章的定义如下：行政领导是指在行政组织中，经选举或者任命而拥有法定权力的领导者（集体）依法行使行政权力，为实现行政管理目标所进行的决策、组织、控制等活动的总称。[2]

（二）行政领导的特点

行政领导发生在行政管理活动中。在一定的行政环境中，为了实现一定的目标，行政领导者依法对纳入行政活动的被领导者进行指挥，从而确保国家政策目标的顺利实现。[3]

从与权力机关的关系来看，行政领导的性质是执行性。我国行政机关是国家权力机关的执行机关，必须对权力机关负责，[4] 受权力机关监督。我国的行政机关要按照权力机关的合法指示依法行政；根据权力机关的合法要求，组织资源，保证权力机关的决策意志得以高效实现。[5]

从社会属性来看，行政领导具有明显的政治性。[6] 这是由行政组织的政治性决定的，所有的国家机构都会具有政治性。从本质上讲，政治性就是为谁谋利益的问题。新时代的行政领导者要牢记初心和使命，确保行政领导的全部活动都是全心全意为中国人民谋幸福，为中华民族谋复兴。

---

[1] 参见王沪宁：《行政学导论》，上海三联书店，1988 年版，第 39 页。转引自曹现强、王佃利主编：《行政管理学》，清华大学出版社，2011 年版，第 119 页。

[2] 参见夏书章主编：《行政管理学》，高等教育出版社、中山大学出版社，2018 年版，第 91 页。

[3] 参见夏书章主编：《行政管理学》，高等教育出版社、中山大学出版社，2018 年版，第 91 页。

[4] 参见夏书章主编：《行政管理学》，高等教育出版社、中山大学出版社，2018 年版，第 91 页。

[5] 参见夏书章主编：《行政管理学》，高等教育出版社、中山大学出版社，2018 年版，第 91 页。

[6] 参见夏书章主编：《行政管理学》，高等教育出版社、中山大学出版社，2018 年版，第 91 页。

（三）行政领导的地位、作用

行政领导是确保行政管理协调、统一的基础。行政组织是一个规模庞大的系统，要让行政组织的活动协调、统一就必须有行政领导来统一意志，统一指挥。另外，随着社会的发展和科技的进步，行政组织管辖的事务越来越多、越来越复杂，工作人员也持续增加，这就使确保意志和指挥统一的行政领导显得更加重要。❶

行政领导是行政管理过程的战略核心。“出主意”和“用干部”是行政领导的两项根本职责。❷行政管理其实主要涉及三个问题，即做什么、怎么做、谁来做。如果一定要在三个问题中确定一个最重要的问题，笔者认为是“谁来做”的问题。在当代，不管是哪个领域的竞争，基本上都是人才之间的竞争，所以只要用对了人，“做什么”和“怎么做”的问题就不是问题。通常情况下，“做什么”是比较容易确定的问题，变数较大的是“怎么做”这个问题。不同的人会采用不同的方法，采用不同的路径做同样的事，结果也不尽相同。即便在应该“做什么”不甚清晰的情况下，只要用对了人，也能尽快明确应该做什么。因此，决定最终结果的其实是“谁来做”这个问题，用对了人，基本上就等于用对了方法，结果可能事半功倍。

行政领导是决定行政管理成败的关键。❸行政领导作为高层次的行政管理活动，它指引着行政管理的方向，引领着行政管理的理念和目标的设定。正如我们熟悉的南辕北辙的故事，如果方向错了，越是努力，越是高效率，结果就会越糟。

❶ 参见夏书章主编：《行政管理学》，高等教育出版社、中山大学出版社，2018 年版，第 92 页。
❷ 参见夏书章主编：《行政管理学》，高等教育出版社、中山大学出版社，2018 年版，第 92 页。
❸ 参见夏书章主编：《行政管理学》，高等教育出版社、中山大学出版社，2018 年版，第 92 页。

第二节　行政领导者职位、职权和责任

一、行政领导者的职位

（一）行政领导者职位的含义

行政领导者的职位是指国家权力机关或者国家人事行政部门根据法律、法规的规定，按照规范化程序选择或者任命行政领导者担任的职务并赋予其应尽责任的统一体。[1]

构成行政领导者职位的三个必要因素是职务、职权和责任。只有担任一定职务，才会享有一定权力；同时，担任一定职务，也意味着必须要承担相应的责任。[2]

（二）行政领导者职位的特点

以“事”为中心确定职位。工作性质、工作内容、工作范围等因素共同确定了职位。这就要求行政领导者必须以和自身职位相对应的“事”为核心开展活动。[3] 因此，行政领导者要始终明确自己的本职工作与核心任务，以本职工作与核心任务为中心开展工作。《中华人民共和国国务院组织法》规定：“国务院由总理、副总理、国务委员、各部部长、各委员会主任、审计长、秘书长组成。”[4] 前述职位都是根据工作需要而设置的。

职位本身具有相对稳定性。因为行政领导者的职位具有法定性，所以不能随意增设或者废除，也不随行政领导者的变动而变动，[5] 与某位行政领导者

---

[1] 参见夏书章主编：《行政管理学》，高等教育出版社、中山大学出版社，2018 年版，第 93 页。

[2] 参见夏书章主编：《行政管理学》，高等教育出版社、中山大学出版社，2018 年版，第 93 页。

[3] 参见郑志龙主编：《行政管理学》，高等教育出版社，2011 年版，第 157 页。

[4] 参见《中华人民共和国国务院组织法》，第二条，中国人大网，http://www.npc.gov.cn/wxzl/gongbao/1982-12/10/content_1478493.htm，2020 年 12 月 1 日访问。

[5] 参见郑志龙主编：《行政管理学》，高等教育出版社，2011 年版，第 157 页。

任职时间之长短、责任之主次无关。❶

职位设置具有数量规定性。行政领导者职位数量的确定应当遵循最低数量原则。为此需要做到避免因人设职，以免职位重复设置；需要清晰划分职权，避免权限不清出现交叉管理。❷《中华人民共和国国务院组织法》规定："各部设部长一人，副部长二至四人。各委员会设主任一人，副主任二至四人，委员五至十人。"❸ 但是没有规定副总理和国务委员的人数。从实际情况看，本届政府设有4位副总理，5位国务委员。❹ 从历届国务院副总理和国务委员人数来看，1998年3月以前，国务院副总理和国务委员人数都很多，从1998年3月开始，副总理人数固定在4位，国务委员人数固定在5位，直到本届政府依然如此。

职位设置具有一定标准，包括职位的职级、名称、任职条件、工作性质、工作内容、责任要求等。行政领导者的职位可以专任，可以兼任，可以常设，可以临时设立。❺ 以国务委员为例，《中华人民共和国国务院组织法》规定："国务委员受总理委托，负责某些方面的工作或者专项任务，并且可以代表国务院进行外事活动。"❻ 可见国务委员这一职位有其明确的工作内容。

二、行政领导者的职权

（一）含义

行政领导者的职权是指法律规定的与职位相当的行政权力。作为行政领导者发挥支配性影响力的实质条件，职权同时还意味着行政领导者必须承担

---

❶ 参见夏书章主编：《行政管理学》，高等教育出版社、中山大学出版社，2018年版，第93页。

❷ 参见夏书章主编：《行政管理学》，高等教育出版社、中山大学出版社，2018年版，第93页。

❸ 参见《中华人民共和国国务院组织法》，第九条，中国人大网，http://www.npc.gov.cn/wxzl/gongbao/1982-12/10/content_1478493.htm，2020年12月1日访问。

❹ 参见中国政府网，http://www.gov.cn/，2020年12月1日访问。

❺ 参见郑志龙主编：《行政管理学》，高等教育出版社，2011年版，第157页。

❻ 参见《中华人民共和国国务院组织法》，第六条，中国人大网，http://www.npc.gov.cn/wxzl/gongbao/1982-12/10/content_1478493.htm，2020年12月1日访问。

相应的责任。[1]

按照职权的来源，可以将行政领导者的职权分为固有职权和授予职权。固有职权是指法律规定的与职位相当的行政权力；授予职权是指根据特殊需要，上级授予下级处理具体行政事务的权力。[2]

（二）职权与职位的关系

职权与职位关联。职位衍生出职权，职位的性质决定了职权的性质。行政领导者的职位在工作任务、工作指标、工作绩效方面都有相应要求，也有与之匹配的职权，但是职权和职位与个人无关。[3]

职权与职位对称。职权的大小要和职位之高低、责任之轻重相适应。任意扩大职权就是权力滥用；而随意失职失权，则是渎职。[4]

职权法定。这就意味着行政领导者的职权具有稳定性[5]的同时，还具有强制性，而且未经法律许可，不得转移或者放弃，不得自由转让或者处分。[6]

职权的有限性。[7] 即行政领导者都是在规定领域和地域范围内行使职权的，这与职位所在领域和地域有着直接关系。

三、行政领导者的责任

（一）含义

行政领导者的责任是指“行政领导者违反法定的义务所引起的必须承担的法律后果”。[8]

---

[1] 参见夏书章主编：《行政管理学》，高等教育出版社、中山大学出版社，2018年版，第93页。
[2] 参见郑志龙主编：《行政管理学》，高等教育出版社，2011年版，第158页。
[3] 参见夏书章主编：《行政管理学》，高等教育出版社、中山大学出版社，2018年版，第94页。
[4] 参见夏书章主编：《行政管理学》，高等教育出版社、中山大学出版社，2018年版，第94页。
[5] 参见夏书章主编：《行政管理学》，高等教育出版社、中山大学出版社，2018年版，第94页。
[6] 参见郑志龙主编：《行政管理学》，高等教育出版社，2011年版，第158页。
[7] 参见夏书章主编：《行政管理学》，高等教育出版社、中山大学出版社，2018年版，第94页。
[8] 参见夏书章主编：《行政管理学》，高等教育出版社、中山大学出版社，2018年版，第94页。

（二）责任分类

政治责任，也称为领导责任，是指行政领导者因为违反特定政治义务或者未能做好分内事而导致的政治上的否定性后果，以及因此所应遭受的谴责与制裁。这种政治上的否定性后果代表着政治权力资格的丧失，意味着其不再是行政权力的行使者。[1] 一般而言，行政组织政治责任的主体是政府组成人员，都是各个部门的主管人员、领导人员。如果政治责任的主体决策失误或者领导无方，即便没有违法，不受到法律追究，也要承担政治责任，受到人大及其常委会的质询、调查，从而导致其辞职或者被罢免等政治后果。[2] 例如，2003 年任北京市市长仅 3 个月的孟学农因“非典”危机引咎辞职。2008 年，任职刚一年的孟学农又因重大溃坝事故而辞去山西省省长一职。[3] 2004 年 2 月，北京市密云县发生特大伤亡事故，作为安全工作第一责任人，时任密云县长张文因对事故发生负有重要领导责任而引咎辞职。[4]

行政责任，又称为岗位责任或者管理责任，[5] 是行政领导者担任某一职务所应承担的义务和对成败的个人担当，[6] 是没有履行或者不当行使其领导权力形成的责任。构成行政责任的，应当受到行政处分。[7]

法律责任是指行政领导者在行使职权时，违背或者触犯有关法律法规所应承担的责任。行政领导者承担法律责任的原因主要有行政领导者违法行政、行政不当、侵权行为等，也有因为下属的违法行为而产生的间接责任。[8]

道德责任是指行政领导者在行使职权的过程中，因为违反社会公德、公

---

[1] 参见夏书章主编：《行政管理学》，高等教育出版社、中山大学出版社，2018 年版，第 94-95 页。

[2] 参见张贤明著：《论政治责任》，吉林大学出版社，2000 年版。转引自郑志龙主编：《行政管理学》，高等教育出版社，2011 年版，第 158 页。

[3] 参见洪佳茗：《两起两落孟学农》，许昌网，http://www.xcgcinfo.com/sh/27818.html，2020 年 12 月 1 日访问。

[4] 参见《北京市密云县长张文引咎辞职》，每日甘肃，http://gsrb.gansudaily.com.cn/system/2004/04/17/000113326.shtml，2020 年 12 月 1 日访问。

[5] 参见郑志龙主编：《行政管理学》，高等教育出版社，2011 年版，第 158 页。

[6] 参见夏书章主编：《行政管理学》，高等教育出版社、中山大学出版社，2018 年版，第 95 页。

[7] 参见郑志龙主编：《行政管理学》，高等教育出版社，2011 年版，第 158-159 页。

[8] 参见郑志龙主编：《行政管理学》，高等教育出版社，2011 年版，第 158 页。

务员职业道德而需要承担的责任。[1]

四、行政领导权威

行政领导权威是指“建立在法律、正当程序或领导者人格魅力基础之上的可以对领导对象的心理和行为产生指引效果的影响力”。[2]

作为领导权力和领导艺术的综合反映，权威能够对领导活动的效果产生重要影响。[3] 一个拥有权威的行政领导者在工作中遇到的来自下属的阻碍或许会更少，因为权威的存在，其下属对其信服，所以工作中“上有政策，下有对策”的情况可能较少出现。行政领导者需要下属的尊重，但一个只有权力的行政领导者只能让人“畏”，而不是让人“敬”；一个拥有权威的行政领导者，则会让人敬畏，其中“敬”的成分或许更多，而且这种“敬”不会因为行政领导者在其位而存在、不在其位而消失。

第三节　行政领导制度和领导方法

一、行政领导制度

从整体上看，行政领导制度可以分为三个层次：一种制度用来从根本上约束行政领导者活动；另一种制度用来保障行政领导者个人与组织协调行动，以便最大限度地整合与发挥行政领导者个人的能动性和组织能量；还有一种制度用来保证日常行政领导活动顺利开展。[4]

---

[1] 参见郑志龙主编：《行政管理学》，高等教育出版社，2011 年版，第 159 页。

[2] 参见夏书章主编：《行政管理学》，高等教育出版社、中山大学出版社，2018 年版，第 95 页。

[3] 参见夏书章主编：《行政管理学》，高等教育出版社、中山大学出版社，2018 年版，第 95 页。

[4] 参见夏书章主编：《行政管理学》，高等教育出版社、中山大学出版社，2018 年版，第 97 页。

（一）民主集中制

1. 含义

民主集中制是民主制和集中制的有机结合，是根本的行政领导制度。[1]

民主制是指在国家生活中，人民群众当家做主，有权以不同的合法方式参政议政，参加对国家事务、社会事务、经济文化事务的管理。一切国家机关及其工作人员必须对人民负责，受人民监督，此为社会主义本质的体现。[2]

集中制是指在高度民主的基础上实现合理集中，实行少数服从多数、个人服从组织、下级服从上级、全党服从中央的原则。[3]

2. 主要内容（具体表现）

“（1）全国人民代表大会和地方各级人民代表大会的代表，都由民主选举产生，对人民负责，受人民监督；

（2）国家行政机关、司法机关都由人民代表大会产生，对它负责，受它监督；

（3）中央和地方国家机构职权的划分，遵循在中央统一领导下，充分发挥地方的主动性、积极性的原则。”[4]

3. 重要性

民主集中制贯穿于各级行政领导的全部实践活动中，是社会主义根本制度的直接体现，决定和影响其他行政领导制度，其他行政领导制度都是该制度的具体化，由该制度决定和衍生而来。如果离开了民主集中制，其他具体行政领导制度也难以实现和发挥作用。[5]

（二）集体领导、个人分工负责制和行政首长负责制

1. 集体领导

集体领导是集体决策、共同负责的制度，是指面临重大问题时，由领导

---

[1] 参见郭小聪主编：《行政管理学》，中国人民大学出版社，2012 年版，第 101 页。
[2] 参见夏书章主编：《行政管理学》，高等教育出版社、中山大学出版社，2018 年版，第 98 页。
[3] 参见夏书章主编：《行政管理学》，高等教育出版社、中山大学出版社，2018 年版，第 98 页。
[4] 参见夏书章主编：《行政管理学》，高等教育出版社、中山大学出版社，2018 年版，第 98 页。
[5] 参见夏书章主编：《行政管理学》，高等教育出版社、中山大学出版社，2018 年版，第 98 页。

集体全部成员讨论，作出决策和决定，一经决定，必须共同遵守。[1] 在集体领导制度之下，对重大问题进行表决时，应坚持少数服从多数原则，不能由个人或者少数人决定，可以保留不同意见，但对于多数人的意见和集体决定必须服从。在集体领导中，行政首长必须正确行使最终决定权和否定权，应当在集体意见基础上进行决定或者否定，不能以个人意志为准。[2]

2. 个人分工负责制

个人分工负责制是指行政领导集体内的成员为执行集体领导的意志而协同配合，各司其职，各尽职守，这是集体领导能够实现的基础。各位行政领导者分工负责各自的工作，但分工不分家，分工的同时也要协作，并且做到权责统一。[3]

集体领导和个人分工负责制的关系：二者是辩证统一的关系，不可偏废或者分割。集体领导是个人分工负责的前提，集体领导的决策为个人分工负责确定方向和目标；个人分工负责是集体领导的基础，是实现集体领导意志的途径。[4]

3. 行政首长负责制

行政首长负责制是集体领导和个人分工负责制的具体形式，是指重大事务在集体讨论基础上由行政首长定夺，日常行政事务由行政首长决定，行政首长独立承担行政责任的行政领导制度。[5]

我国行政首长负责制的主要内容：①行政首长领导本级政府工作。具体表现是，一级政府的行政首长对本级政府所辖工作有全面领导权、最后决定权和人事提名权等，与之相对应的是行政首长必须承担本级政府工作的全部行政责任和法律责任。副行政首长和政府其他人员必须对行政首长负责，为行政首长开展工作提供协助。②实行人民政府工作会议制度。最常见和最主要的工作会议是各级政府全体会议和各级政府常务会议，均由各级政府行政

[1] 参见夏书章主编：《行政管理学》，高等教育出版社、中山大学出版社，2018 年版，第 98–99 页。
[2] 参见夏书章主编：《行政管理学》，高等教育出版社、中山大学出版社，2018 年版，第 99 页。
[3] 参见夏书章主编：《行政管理学》，高等教育出版社、中山大学出版社，2018 年版，第 99 页。
[4] 参见夏书章主编：《行政管理学》，高等教育出版社、中山大学出版社，2018 年版，第 99 页。
[5] 参见夏书章主编：《行政管理学》，高等教育出版社、中山大学出版社，2018 年版，第 99 页。

首长召集和主持。[1]

（三）日常的具体行政领导制度

日常的具体行政领导制度是根本的行政领导制度在实际执行中的具体化，从行政领导者和行政活动参与者的角度分析日常的具体行政领导制度，主要涉及三个层面的关系，即领导与群众的关系、上下级行政领导者之间的关系、行政领导班子内部的工作协调关系。[2]

1. 行政领导者和行政活动参与者的关系制度

因为行政领导者是掌握权力的决策方，所以在与行政活动参与者的联系方面应表现主动，通过各种方式、方法、途径了解民众需求，广泛征求民众意见，尽力获得最大程度的社会支持，激励民众积极参与行政活动。[3] 加强与民众联系的制度有很多，主要有以下几种：

群众接待日制度。这是一种由主要领导定期接待来访群众，倾听群众意见、建议，了解群众需求的制度。[4]

来信来访制度。这是一种不定期的日常接待和受理群众来信、来访的工作制度，是行政领导者了解民情、民意的重要渠道。要发挥前述作用，需要信访部门工作人员及时归纳、整理群众来信来访，并及时送达有关部门，供行政领导者作为决策参考；对于群众反映的重大问题，信访部门还要督促有关部门及时查处。[5]

咨询会制度。这种制度是指行政领导者定期或者不定期召开会议，邀请有关群众代表参加，就工作任务、工作计划安排和贯彻执行情况进行咨询，听取群众意见。[6]

直接对话制度。这种制度是指行政领导者根据群众要求和工作需要，针

---

[1] 参见郭小聪主编：《行政管理学》，中国人民大学出版社，2012 年版，第 102 页。

[2] 参见夏书章主编：《行政管理学》，高等教育出版社、中山大学出版社，2018 年版，第 99-100 页。

[3] 参见夏书章主编：《行政管理学》，高等教育出版社、中山大学出版社，2018 年版，第 100 页。

[4] 参见郭小聪主编：《行政管理学》，中国人民大学出版社，2012 年版，第 103 页。

[5] 参见郭小聪主编：《行政管理学》，中国人民大学出版社，2012 年版，第 103 页。

[6] 参见郭小聪主编：《行政管理学》，中国人民大学出版社，2012 年版，第 103 页。

对关系群众切身利益的热点和难点问题，与群众展开面对面的直接对话，以此增进相互了解和理解，并在此基础上取得共识，以达到相互支持的目的。[1]

民主评议制度。这种制度是指定期召开会议，向群众通报本部门、本单位工作情况，接受群众评议，以此强化行政领导者的“公仆”意识，展示对人民负责的态度和接受人民监督的制度。[2] 例如，2012 年 11 月 12 日，鲁山县 2012 年民主评议大会正式举行，根据评议结果，鲁山县纪委责令排在最后三名的四个部门所在的三个单位对所涉及的四个部门的负责人作出免职处理，而且一年内不得安排同级职务。根据当地规定，在测评大会结束后一周内，被免职的这 4 名部门负责人已全部履行了免职手续。[3]

2. 上下级行政领导者之间的联系制度

完成行政任务需要上下级之间密切配合，以形成合力，这需要有健全的上下级行政领导者之间的联系制度。[4]

通报征询制度。定期或者不定期地召开各种会议，将上级的决策、部署、意图等传达给下级领导者，并主动征求下级意见，这样有利于调动下级领导者工作的主动性和积极性。[5]

报告指示制度。这种制度要求下级领导者在遇到涉及全局性的领导决策或者步骤时，或者遇到在自身权限范围内难以作出正确判断的问题时，应主动向上级报告。上级领导者作出明确指示后，下级要严格贯彻执行。[6]

检查反馈制度。检查工作其实是上级领导者的一项经常性工作，有利于及时发现问题，从而确保工作计划保质保量地完成。一方面，要求上级行政领导者对下级行政领导者执行上级决定或者工作任务的情况开展经常性检查；另一方面，要求下级行政领导者将执行情况及时反馈给上级行政领导者，为上级行政领导者修正决策或者制定新的决策提供可靠信息。[7]

---

[1] 参见郭小聪主编：《行政管理学》，中国人民大学出版社，2012 年版，第 103 页。

[2] 参见郭小聪主编：《行政管理学》，中国人民大学出版社，2012 年版，第 103 页。

[3] 参见米方杰：《河南鲁山年终评议群众现场打分 15 名干部被免职》，人民网，http://politics.people.com.cn/n/2012/1212/c1001-19875685.html，2020 年 12 月 1 日访问。

[4] 参见郭小聪主编：《行政管理学》，中国人民大学出版社，2012 年版，第 103 页。

[5] 参见郭小聪主编：《行政管理学》，中国人民大学出版社，2012 年版，第 103 页。

[6] 参见郭小聪主编：《行政管理学》，中国人民大学出版社，2012 年版，第 103 页。

[7] 参见郭小聪主编：《行政管理学》，中国人民大学出版社，2012 年版，第 103 页。

3. 协调行政领导班子内部关系的制度

行政领导班子成员既有分工，也有合作，分工是为了实现共同的目标，所以行政领导班子成员之间也需要有相关制度确保互通信息，化解矛盾，达成共识，以便通力合作。

办公会议制度。定期或者不定期地召开相关的部务会议、厅务会议等，以便及时向行政领导班子成员通报有关情况，共商重要问题。❶

集体学习制度。通过各种学习形式，组织行政领导班子成员学习政治理论、管理知识等，提高行政领导班子成员的政治思想素养和文化素养，以提升管理水平。❷

民主生活会制度。组织行政领导班子成员定期过民主生活，开展批评与自我批评，以此消除误会、解决矛盾、增进团结。❸

二、行政领导的方法、方式和艺术

（一）行政领导方法

1. 含义及分类

行政领导方法是指在行政活动过程中，行政领导者为实现行政领导目标而采取的各种手段、办法和程序的总和。❹

分类：①具有广泛制约力和影响力的根本方法。②具体可变的方法，又被称为行政领导方式和艺术。❺

2. 根本的行政领导方法

根本的行政领导方法包括实事求是的方法、群众路线的方法、矛盾分析方法。①实事求是的方法要求一切从实际出发的同时还要发挥主观能动性，

❶ 参见郭小聪主编：《行政管理学》，中国人民大学出版社，2012 年版，第 104 页。
❷ 参见郭小聪主编：《行政管理学》，中国人民大学出版社，2012 年版，第 104 页。
❸ 参见郭小聪主编：《行政管理学》，中国人民大学出版社，2012 年版，第 104 页。
❹ 参见夏书章主编：《行政管理学》，高等教育出版社、中山大学出版社，2018 年版，第 101 页。
❺ 参见夏书章主编：《行政管理学》，高等教育出版社、中山大学出版社，2018 年版，第 101 页。

并坚持用实践检验真理、发展真理。[1] ②群众路线的方法要求向群众学习、和群众商量，领导者要深入群众、依靠群众，善于宣传和组织群众的同时，还要抓试点，积累经验，指导全局。[2] ③矛盾分析的方法要求学会抓主要矛盾，具体问题具体分析，全面看问题的同时会抓关键，为矛盾转化创造条件。[3]

（二）行政领导方式

1. 含义

行政领导方式是“领导方法的表现，是在领导过程中领导者、被领导者及其作用对象相结合的形式”。[4]

2. 分类

从不同角度可以对行政领导方式作出不同的分类，本节主要介绍两种分类。

从行政领导活动侧重点的角度分类，可以将行政领导方式分为重人式、重事式、人事并重式。①重人式领导方式是以人为中心开展领导活动，力图建立和谐的人际关系和宽松的工作环境，重视对下属的关心、尊重和鼓励，注意改善工作环境，但是忽视必要的纪律监督和制度约束。②重事式领导方式是以事为中心开展领导活动，关心的是行政组织目标和任务的完成情况与提高效率，侧重于纪律、监督等，不重视下属的需求，这种方式有利于提高工作质量和效率，但是人际关系会比较紧张。③人事并重式领导方式是关心人的同时也关心工作，这样既调动了下属的积极性和责任感，又明确了每个人的责任和目标，是应当提倡的领导方式。以上三种领导方式的划分并非绝对，运用过程也不是单一化选择。行政领导者应根据自身素质、能力、环境、被领导者等因素，确定一种主要的领导方式，再辅以其他领导方式。[5]

从行政领导者作用于下属的行为方式的角度分类，可以将行政领导方式

---

[1] 参见夏书章主编：《行政管理学》，高等教育出版社、中山大学出版社，2018 年版，第 101-102 页。

[2] 参见夏书章主编：《行政管理学》，高等教育出版社、中山大学出版社，2018 年版，第 102 页。

[3] 参见夏书章主编：《行政管理学》，高等教育出版社、中山大学出版社，2018 年版，第 103 页。

[4] 参见夏书章主编：《行政管理学》，高等教育出版社、中山大学出版社，2018 年版，第 103 页。

[5] 参见夏书章主编：《行政管理学》，高等教育出版社、中山大学出版社，2018 年版，第 104 页；曹现强、王佃利主编：《行政管理学》，清华大学出版社，2011 年版，第 129 页。

分为强制式、说服式、激励式和示范式。①强制式。在组织行为中，强制性是经常出现的现象，这是现代行政组织的特性决定的。现代行政组织要求统一意志、统一行动，以求高效率，这需要组织成员遵守组织的规章制度，为此，行政领导者需要通过行政指令来约束或者引导组织成员的言行。而行政指令具有显著的强制色彩，这种强制又直接以惩罚为外在特征。因为强制容易引起下属的反感，所以行政领导者要慎用。②说服式。说服式则是常用的领导方式，包括劝告、诱导、启发、建议等便于双向沟通的方式。沟通的意义在于沟通双方之间建立情感、达成共识，强化上下协同工作的愿望等。③激励式。这种领导方式最能够直接提高领导效能，行政领导者用物质激励或者精神激励的方式激发下属的工作积极性。激励的具体方式可以是普遍激励，也可以是特殊激励。普遍激励的激励对象是组织中的全体成员，方式可以是改善工作条件或者是提高工作报酬。特殊激励的激励对象是工作积极、态度端正、成效显著、贡献较大的组织成员，对这些成员的激励，除了对其有激励作用以外，还能产生榜样效应。④示范式。领导者本人身先士卒、身体力行，对于组织成员而言，无疑能够起到最好的示范效果，因为领导者的精神面貌、行为方式、工作方式、价值观等都能对组织成员产生潜移默化的作用。[1]

（三）行政领导艺术

1. 含义

行政领导艺术是行政领导者领导方法的个性化、艺术化体现，是行政领导者在工作中结合普遍经验和个人体会形成的，[2] 是行政领导者智慧、学识、才能、胆略等在领导活动中的综合反映。[3]

2. 分类

从影响范围是全局还是局部的角度，可以作出以下分类：

---

[1] 参见夏书章主编：《行政管理学》，高等教育出版社、中山大学出版社，2018 年版，第 104-105 页。

[2] 参见韩莹莹、胡晓东主编：《行政管理学》，华中科技大学出版社，2013 年版，第 67 页。

[3] 参见曹现强、王佃利主编：《行政管理学》，清华大学出版社，2011 年版，第 131 页。

总体性领导艺术是指着眼于全局性问题，洞察全局形势，需要领导者正确把握和运用时机。[1]

专业性领导艺术是指行政领导者要了解和掌握所在行业部门的现状、问题、潜力、趋势等，并具备相关专业技能，同时熟悉领导工作，才能有效利用有利因素应对问题、提高效率。[2]

3. 行政领导事务类型上的领导艺术

（1）授权艺术

授权是指上级授予下级一定的权力和责任，使下级在其领导、监督下为了实现目标而拥有相应的自主权和行动指挥权。[3] 授权能够让领导者“分身有术”，还能够增强下属人员的责任心和上进心，让下属人员以负责任的态度去处理问题，从而提高工作绩效。[4]

需要注意的是，要保证授权的有效性，就要明确三个问题，即授权内容、授权对象、授权方式。[5] 授权一定是为了处理一定的事务，所以就什么事务进行授权，即授权内容相对容易确定。授权方式有弹性授权、制约授权、充分授权、不充分授权等。[6] 采用什么授权方式要看是什么性质的事务，再者就是看授权给谁。因此，授权对象其实是保证授权有效性的最关键因素。根据授权对象的素质决定可以将什么事务授权给对方处理，以什么方式授权给对方等。与授权相配套的是需要建立反馈制度，以便对授权后权力的行使情况进行监督，以及时了解授权效果，避免权力被不当使用。同时做好应变准备，以解决和纠正下级在行使被授予的权力过程中遇到的困难和出现的问题。[7]

（2）用人艺术

用人艺术的效果是人尽其才，这就需要行政领导者能够“知人善任”。[8] 这是要求行政领导者在了解下属的同时，还要熟悉工作任务，明确地知道应

---

[1] 参见韩莹莹、胡晓东主编：《行政管理学》，华中科技大学出版社，2013 年版，第 68 页。
[2] 参见韩莹莹、胡晓东主编：《行政管理学》，华中科技大学出版社，2013 年版，第 68 页。
[3] 参见韩莹莹、胡晓东主编：《行政管理学》，华中科技大学出版社，2013 年版，第 68 页。
[4] 参见夏书章主编：《行政管理学》，高等教育出版社、中山大学出版社，2018 年版，第 106 页。
[5] 参见韩莹莹、胡晓东主编：《行政管理学》，华中科技大学出版社，2013 年版，第 68 页。
[6] 参见韩莹莹、胡晓东主编：《行政管理学》，华中科技大学出版社，2013 年版，第 68 页。
[7] 参见曹现强、王佃利主编：《行政管理学》，清华大学出版社，2011 年版，第 134 页。
[8] 参见夏书章主编：《行政管理学》，高等教育出版社、中山大学出版社，2018 年版，第 106 页。

该用什么人做什么事。作为行政领导者，主要任务不是亲自完成一些具体业务工作，而是能够激励下属充满热情和责任感地完成具体工作，这就需要行政领导者善于激励下属，可以是行政领导者本人进行行为激励，通过自身表率作用激励下属。另外，还需要懂得运用目标激励、奖惩激励、关怀激励等多种激励方式激励下属。[1] 激励的方式和频率应当适当，否则，随着时间的推移，激励的作用就会递减。

（3）处事艺术

行政领导者每天要处理很多事务，这需要其忠于职守、统筹安排等才能顺利完成工作。[2] 行政领导者的工作主要是处理两个因素，即人和事。其实，如果用对了人，基本上就等于做对了事。[3] 因此，在行政领导者的位置上，要想处理好事务，就需要对人有更深刻的认知。

（4）运时艺术

运时艺术，既包括行政领导者处理本职工作的时间安排，又包括其对本组织内部各类事务处理的时间安排。[4]

为此，可以从以下几个方面着手：一是科学安排时间。这是提高领导效能的最重要途径。[5] 根据工作任务和近期目标，依照事务的轻重缓急制订出以日、周、月、季、年为单位的时间计划。[6] 二是合理安排工作程序。根据不同工作的轻重缓急、规模大小划分类别，制订时间计划逐步完成。[7] 三是提高时间利用率。充分利用可以利用的时间，提高单位时间的利用率，并善于使用现代科技手段提高工作效率。[8]

---

[1] 参见曹现强、王佃利主编：《行政管理学》，清华大学出版社，2011年版，第134-135页。
[2] 参见夏书章主编：《行政管理学》，高等教育出版社、中山大学出版社，2018年版，第106页。
[3] 参见韩莹莹、胡晓东主编：《行政管理学》，华中科技大学出版社，2013年版，第69页。
[4] 参见韩莹莹、胡晓东主编：《行政管理学》，华中科技大学出版社，2013年版，第69页。
[5] 参见韩莹莹、胡晓东主编：《行政管理学》，华中科技大学出版社，2013年版，第69页。
[6] 参见郭小聪主编：《行政管理学》，中国人民大学出版社，2012年版，第108页。
[7] 参见韩莹莹、胡晓东主编：《行政管理学》，华中科技大学出版社，2013年版，第69-70页。
[8] 参见韩莹莹、胡晓东主编：《行政管理学》，华中科技大学出版社，2013年版，第70页。

第四节　行政领导者的素质结构及其优化

一、行政领导者的素质

（一）含义

行政领导者素质是指在天赋基础之上，行政领导者通过后天的学习和实践锻炼获得的品德、知识、才能、心理等要素之和。[1]

行政领导者素质的重要性在于其直接影响着领导水平的高低。[2]

（二）特点

时代性。行政领导者素质一旦形成就具有相对稳定性，[3] 但是随着经济社会的发展，新问题、新事务、新情况不断涌现，要求行政领导者必须与时俱进，在德、才、智等方面不断充实完善自己。[4] 2020年年初的新冠肺炎疫情暴发以后并没有快速结束，因此，各项工作都只能在疫情防控常态化之下进行，这就需要各级、各部门的行政领导者在坚决贯彻疫情防控措施的情况下，尽一切努力保证民众的工作和生活正常进行。

层次性。这是指对不同层级、不同责任的领导者的素质要求不同。美国学者罗伯特·卡茨认为，领导者需要具备三种技能，包括技术技能（专业业务能力）、人际技能（处理人际关系能力）、概念技能（分析和决策能力）。如果把领导者分成低、中、高三个层次，那么每个层次的领导者应具备的技能结构比例如表6-2所示。[5]

---

[1] 参见曹现强、王佃利主编：《行政管理学》，清华大学出版社，2011年版，第139页。

[2] 参见曹现强、王佃利主编：《行政管理学》，清华大学出版社，2011年版，第139页。

[3] 参见夏书章主编：《行政管理学》，高等教育出版社、中山大学出版社，2018年版，第108页。

[4] 参见曹现强、王佃利主编：《行政管理学》，清华大学出版社，2011年版，第139页。

[5] 参见夏书章主编：《行政管理学》，高等教育出版社、中山大学出版社，2018年版，第108页。

表 6-2 不同层级领导者应具备的技能结构比例❶ 单位：%

	技术技能	人际技能	概念技能
高层领导者	18	35	47
中层领导者	27	42	31
低层领导者	47	35	18

由表 6-2 可以看出，随着领导层级的提升，对领导者技术技能的要求是逐级递减的，但是对概念技能的要求是逐级上升的。因此，一位优秀的高层领导者需要具备良好的概念技能，即具备良好的分析和决策能力。而中层领导者需要处理与上、下级的关系，因此，对中层领导者的人际技能要求最高。❷

二、行政领导者个人的素质结构

（一）政治素质

无数实践都表明了领导干部的政治素质的重要性，因此，在中国共产党对领导干部的选拔任用当中，政治素质成为考察的首要素质。具体内容包括：既能做政治的明白人，又能做发展的开路人；既能做群众的贴心人，又能做班子的带头人。具体要求包括对党绝对忠诚，勇于担当，全心全意为人民服务，讲党性，重品行等。❸

（二）知识素质

知识素质是指行政领导干部应当具备合理的知识结构。现代行政领导者的知识覆盖范围需要非常广泛，包括政治理论知识、经济理论知识、现代科技知识、法律知识、业务知识、管理知识等，即现代行政领导者既得是业务

❶ 参见夏书章主编：《行政管理学》，高等教育出版社、中山大学出版社，2018 年版，第 108 页。

❷ 参见夏书章主编：《行政管理学》，高等教育出版社、中山大学出版社，2018 年版，第 108 页。

❸ 参见盛若蔚、李章军：《做政治的明白人 发展的开路人 群众的贴心人 班子的带头人》，人民网，http://leaders.people.com.cn/n/2015/0701/c58278-27234358.html，2020 年 12 月 4 日访问。

方面的“硬专家”，还得是管理方面的“软专家”，二者不可偏废。[1]

（三）能力素质

能力是指人对知识的发挥和运用，[2] 能力素质主要包括以下内容：

创新能力。因为现代行政领导者面临的事务往往具有新发性、未来性特征，而且即便是不具备前述特征的事务，相应的处理往往也需要十分谨慎，况且在实现中华民族伟大复兴的道路上，无数的新旧问题会交织在一起，没有创新能力恐怕很难处理得当，所以现代行政事务对行政领导者的创新能力的要求十分突出。具体而言，创新能力主要包括：①洞察能力：这是一种敏锐、快速、准确抓住问题关键的能力。②预见能力：这是预测事态发展的能力。③决断能力：这是快速选择、形成解决方案的意志力。④推动能力：这是激励下属实现创新意图的能力，通常表现为领导者的号召力、影响力、凝聚力等。⑤应变能力：这是在非常规情况出现时的随机处置能力。[3]

组织能力也可以理解为执行力。主要包括以下内容：①组织设计能力：这是根据环境、技术、目标等对组织结构、部门分工、职权划分等进行设计的能力。[4] 一般来说，现代行政组织的设计相对合理而稳定，而且组织结构的设计、职权划分等往往不能由行政领导者来决定，通常需要经过一定程序才能完成。但是如何设计更加合理，行政领导者还是有发言权的。毕竟，行政领导者是行政组织运行情况的亲历者，对各种利弊自然了然于心。②组织动员能力：这是行政领导者为了实现目标，动员组织内部和外部资源的能力，尤其是动员人力资源的能力。③组织控制能力：为了防止组织成员个人和组织整体行为偏离组织目标，行政领导者需要具备纠偏能力。[5] ④组织协调能力：行政领导者的主要工作对象是人，所以行政领导者必须有能力凝聚组织成员和民众的力量，化解矛盾，凝心聚力。[6]

---

[1] 参见夏书章主编：《行政管理学》，高等教育出版社、中山大学出版社，2018 年版，第 109 页。
[2] 参见夏书章主编：《行政管理学》，高等教育出版社、中山大学出版社，2018 年版，第 109 页。
[3] 参见夏书章主编：《行政管理学》，高等教育出版社、中山大学出版社，2018 年版，第 110 页。
[4] 参见夏书章主编：《行政管理学》，高等教育出版社、中山大学出版社，2018 年版，第 110 页。
[5] 参见夏书章主编：《行政管理学》，高等教育出版社、中山大学出版社，2018 年版，第 110 页。
[6] 参见郑志龙主编：《行政管理学》，高等教育出版社，2011 年版，第 162 页。

综合能力：行政领导者的工作需要统领全局，因为领导层级不同，“全局”涉及的范围有所不同，但作为领导者，需要具备“统领各方”的能力。具体包括以下内容：①信息获取能力：在信息社会中，信息占有量往往能够决定成败，因此行政领导者必须充分掌握关键且正确的信息，才能作出正确决策。[1] ②知识综合能力：现代科学的发展趋势是高度分化的同时又高度融合，所以行政领导者不仅要掌握不同领域的知识，还要有能力将不同领域的知识融会贯通。③信息沟通能力：组织活动的开展需通过信息沟通来连接，通过信息沟通，行政领导者才能对组织成员产生影响，通过组织成员的行为实现组织目标。④利益整合能力：现代社会的一个发展趋势就是利益多元化，因此分散甚至有冲突的利益的存在要求行政领导者必须有能力让各方达成共识，并且以此为据制定政策。[2]

（四）身体素质

身体素质是指行政领导者的身体健康状况。为了应对日益繁重、复杂的行政事务，强健的体魄、旺盛的精力是行政领导者的必备素质。[3] 我们常说“身体是革命的本钱”，没有健康的身体就没有了正常生活和工作的基础，所以作为领导者，除了认真工作之外，还要注意锻炼身体，强健体魄，为组织成员做好表率。

（五）心理素质

心理素质是指行政领导者在认知、情绪、意志、气质等方面的心理要素和心理特征。一般而言，行政领导者应该具备心态积极、心境开朗、意志坚定、心理承受能力强等心理素质。[4]

---

[1] 参见夏书章主编：《行政管理学》，高等教育出版社、中山大学出版社，2018年版，第110页。
[2] 参见夏书章主编：《行政管理学》，高等教育出版社、中山大学出版社，2018年版，第111页。
[3] 参见郑志龙主编：《行政管理学》，高等教育出版社，2011年版，第162页。
[4] 参见郑志龙主编：《行政管理学》，高等教育出版社，2011年版，第162页。

三、行政领导班子结构

一个行政领导班子将不同的行政领导者聚集在一起形成一个整体，若想让这个整体发挥积极有效的作用，在进行领导班子成员的调配时就要考虑以下因素。

（一）年龄结构

年龄结构是指行政领导班子内部老、中、青不同年龄段领导者之间的搭配状况。[1] 不同年龄段的领导者有不同的优势和劣势，所以才需要合理搭配。老年人一般阅历丰富，处事稳健，擅长应对复杂局面；中年人精力充沛，思路开阔，分析问题和解决问题能力强，通常在领导集体中发挥核心作用；青年人有朝气，有活力，思维敏捷，善于接受新生事物，干劲足。[2] 同时，老年人在接受新生事物方面的速度相对较慢，囿于观念陈旧，可能还无法接受；中年人在精力和身体素质方面通常胜于老年人，但是在经验方面相较于老年人还有待充实；青年人有活力，也可能缺少中、老年人的稳健。因此，不同年龄段的领导者合理搭配形成一个能够在年龄方面全覆盖的整体，可以在发挥不同年龄优势的同时弥补欠缺。

（二）知识结构

知识结构是指具有较高文化水平和不同专业背景的领导者的搭配状况。[3] 从某种程度上讲，就专业背景而言，现代领导者基本都是“专才”，这是由现代社会分工专业化和科学知识专业化发展决定的。但是行政领导者面临的事务往往不是某一个领域的事务，而是多个领域的事务，所以仅靠某一个领导者的专业知识和文化水平已经难以应对，而由不同的“专才”型领导者组成的领导者集体可以成为“通才”，即可以通过合理搭配形成一个整体上是“通

---

[1] 参见曹现强、王佃利主编：《行政管理学》，清华大学出版社，2011 年版，第 142 页。
[2] 参见郑志龙主编：《行政管理学》，高等教育出版社，2011 年版，第 164 页。
[3] 参见曹现强、王佃利主编：《行政管理学》，清华大学出版社，2011 年版，第 142 页。

才”的领导班子，如此便能应对既“专”又“博”的行政事务。

需要说明的是学历和实际能力是两回事。学历只能代表一个人曾经接受的训练程度，但不能代表其实际的能力水平。而能力是可以通过各种实践和职业学习得以提升的，因此，在选拔领导干部时，重视学历的同时，还必须重视实际工作能力和知识水平的考察。❶

（三）智能结构

智能结构是指拥有不同类型智能的领导者的组合状况。❷ 智能是指人们运用专业知识的能力，具体表现为认识问题、分析问题和解决问题的能力。在专业知识水平、生活环境、工作环境、先天禀赋等方面的差异，导致不同的人在智能方面的表现各有不同。因此，搭配领导班子时，就要考虑智能方面的差异。❸

（四）气质结构

气质结构是指领导班子成员在不同气质类型方面的组合。❹ 气质是通常所讲的脾气、个性。气质可以分成四类，即胆汁质、多血质、黏液质和抑郁质。❺ 不同气质类型的人在行为表现方面，有的沉稳，有的冲动；有的执行力强，有的行动迟缓；有的坚决果断，有的犹豫不决；等等。在一个领导班子中，人人都很沉稳，可能导致领导班子缺乏活力；而人人都很有活力，甚至冲动，则容易产生内部矛盾。因此，在气质方面进行合理搭配，能够形成一个气质完善的整体，既沉稳，又有活力；既有决断力，又有执行力。

---

❶ 参见曹现强、王佃利主编：《行政管理学》，清华大学出版社，2011年版，第143页。
❷ 参见郑志龙主编：《行政管理学》，高等教育出版社，2011年版，第163页。
❸ 参见郑志龙主编：《行政管理学》，高等教育出版社，2011年版，第164页。
❹ 参见夏书章主编：《行政管理学》，高等教育出版社、中山大学出版社，2018年版，第112页。
❺ 参见郑志龙主编：《行政管理学》，高等教育出版社，2011年版，第164页。

四、行政领导班子结构的优化原则

（一）整体互补

从年龄、知识、智能、气质的角度考虑领导班子成员的搭配，形成一个个体间互补、整体上完善的领导班子。这需要领导班子的核心成员善于取长补短，善于协调各方；分析领导班子核心成员的优势和劣势，以此为基础考虑形成一个完善的整体还需要补充具备哪种素质的领导者进入领导班子。[1]

（二）合理精干

在正常情况下，在任何组织中，领导者都是少数，但是责任重大。因此，不同层级的领导者在素质上都应该十分精干，在数量上要合理，此处讲的合理是指应该让领导者人数保持需要的最低限度，而不是尽量多，同时要少得合理，而不是为了少而少。

（三）相对稳定与自我适应

领导班子成员的素质具有动态性，领导班子承担的任务也具有动态性。要使领导班子整体处于最佳状态，就要与时俱进，适时调整。需要注意的是，调整时要注意保持领导班子整体的稳定性，调整不是大换班。而且新组建的领导班子，往往需要给成员相互适应的过程，所以不要因为某些因素而急于变动。[2] 总之，领导班子需要根据环境变化和内部人员变动，在保持稳定性的基础上，进行自我更新、自我调整、自我适应，用动态调整保持整体稳定。

---

[1] 参见曹现强、王佃利主编：《行政管理学》，清华大学出版社，2011 年版，第 144 页。
[2] 参见曹现强、王佃利主编：《行政管理学》，清华大学出版社，2011 年版，第 144 页。

第七章 行政决策

第一节　行政决策概述

一、行政决策的含义

人们就需要解决的问题展开行为设计和进行抉择的过程就是决策，也就是通常所讲的出主意、作决定。[1] 作为人类有意识的活动，决策这种活动自古有之。我国在先秦时期就有关于“决策”一词的记载，但是现代管理学意义上的“决策”及其理论是从西方管理学中引入的。从管理学的一般意义来讲，决策是指社会组织的管理决策，即为了实现一定目标，社会组织拟定多种行动方案并优化抉择的过程。行政决策是管理决策之一。[2]

行政决策是指行政组织为履行行政职能，依据既定法律和政策，针对问题，拟定各种方案并从中优化选择的行为过程。[3]

---

[1] 参见韩莹莹、胡晓东主编：《行政管理学》，华中科技大学出版社，2013 年版，第 96 页。

[2] 参见曹现强、王佃利主编：《行政管理学》，清华大学出版社，2011 年版，第 221 页。

[3] 参见曹现强、王佃利主编：《行政管理学》，清华大学出版社，2011 年版，第 221 页；韩莹莹、胡晓东主编：《行政管理学》，华中科技大学出版社，2013 年版，第 96 页。

二、行政决策的特点

（一）主体的特定性

“只有具有法定行政权的组织和个人才能成为行政决策的主体。根据我国的宪法和法律规定，我国行政决策主体包括：各级人民政府及其职能部门；国家行政机关内的公务人员；依宪法、法律规定或法律法规授权的其他享有行政权的社会组织。”❶

（二）客体的广泛性

行政决策的客体，即行政决策的内容涉及相应政府管辖范围内的一切公共事务，包括政治、经济、文化、外交等。凡是行政组织管辖领域所及，均是行政决策客体所涉及的范围。❷

（三）决策的权威性和强制性

行政决策是为了解决问题，目的是维护公共利益，提供公共服务。行政决策主体依据法定权限和程序作出的行政决策以国家权力作为后盾，因此，行政决策具有权威性和强制性。行政决策以国家权力为后盾的表现是行政决策以国家政策、法律、法规等规范性文件的形式出台，而这些规范性文件一经实施，就具有普遍约束力，不仅约束行政组织，而且对企业、个人等一切管理对象都具有约束力。❸

（四）决策目标的非营利性

行政决策与其他主体的决策目标不同，例如，企业决策的终极目标都是

---

❶　参见韩莹莹、胡晓东主编：《行政管理学》，华中科技大学出版社，2013年版，第96页。

❷　参见曹现强、王佃利主编：《行政管理学》，清华大学出版社，2011年版，第222页；韩莹莹、胡晓东主编：《行政管理学》，华中科技大学出版社，2013年版，第96-97页。

❸　参见曹现强、王佃利主编：《行政管理学》，清华大学出版社，2011年版，第222页；韩莹莹、胡晓东主编：《行政管理学》，华中科技大学出版社，2013年版，第97页。

为了营利，而行政决策的目标则不以营利为目的。行政决策是为了实现公共利益，提供公共产品，是对社会价值进行权威性分配，确立公正平等的社会关系。[1]

（五）决策过程的政治性

因为行政决策是对社会价值的权威性分配，所以各种社会力量都会对行政决策过程施加影响，所以行政决策过程也是政治过程，有交易、妥协，有冲突，甚至战争。[2]

三、行政决策的地位和作用

（一）“行政决策是行政管理的首要环节”[3]

行政决策是行政管理过程的起点。总体看来，行政管理是一个决策、执行、评估，之后再决策、再执行、再评估的循环过程。执行活动是为了执行决策，所以决策是行政管理过程的起点，没有决策，就没有对决策的执行和评估。[4]

行政决策是行政管理履行各项职能的基础。行政决策为行政组织及其成员的行政行为明确方向，这有利于激发行政组织成员在目标明确基础上的工作热情，同时也为行政管理的组织、协调、控制等职能的发挥提供了依据。[5]

行政决策贯穿于行政管理全过程。行政决策是行政管理过程的起点，但又不仅仅是起点，而是贯穿行政管理过程的始终。毕竟，行政管理过程的每一个环节都包含着决策行为。[6]

---

[1] 参见郑志龙主编：《行政管理学》，高等教育出版社，2011 年版，第 200 页；曹现强、王佃利主编：《行政管理学》，清华大学出版社，2011 年版，第 222 页。

[2] 参见曹现强、王佃利主编：《行政管理学》，清华大学出版社，2011 年版，第 222 页。

[3] 参见曹现强、王佃利主编：《行政管理学》，清华大学出版社，2011 年版，第 223 页。

[4] 参见曹现强、王佃利主编：《行政管理学》，清华大学出版社，2011 年版，第 223 页。

[5] 参见曹现强、王佃利主编：《行政管理学》，清华大学出版社，2011 年版，第 223 页。

[6] 参见曹现强、王佃利主编：《行政管理学》，清华大学出版社，2011 年版，第 223 页。

（二）行政决策的成效是决定行政管理成败的关键[1]

行政决策存在于行政管理的各个领域，各个层次。行政层次越高，行政决策的地位越重要，作用也就越大。行政决策都是在一定的行政环境中作出的，如果决策正确，不利的行政环境也可能发生向好的扭转；如果决策失误，有利的行政环境也可能无法挽救不正确的决策造成的后果。因此，可以说，决策失误就是最大的失误。[2] 例如，2020 年年初，对于中国各级政府而言，在武汉暴发的新冠肺炎疫情就构成了一个极为不利的行政决策环境，但是在党的领导下，从中央到地方，各级政府严格落实防控措施，全国人民也积极配合，在武汉封城之后，全国人民度过了一个或许是历史上最安静的春节。由于疫情的影响，春节过后，各地虽然没有像往年一样立刻复工复产，但是在疫情平稳后，在疫情防控措施不松懈的情况下，各地政府都在想尽办法帮助企业尽快复工复产。实践证明，在党的领导下，各级政府放弃了短期的经济利益，首先保证疫情得以有效控制，在疫情平稳之后也没有放松防控，而是在防控措施到位的情况下，以最快速度实现复工复产。正是因为决策正确，所以国际货币基金组织预测，中国将是 2020 年唯一实现正增长的主要经济体。[3] 这些都与高层领导的正确决策分不开。

（三）“行政决策是行政领导者的首要职责”[4]

作为行政决策的组织者、审定者、推行者，行政领导者的行政决策能力是其最主要的能力之一，是行政领导者基本素质的综合体现，也是行政领导者领导水平高低的体现。尽管在行政管理过程中，行政决策具有决定性作用和核心地位，但是不代表“管理就是决策”。[5] 西蒙的观点只能说明决策在管

[1] 参见曹现强、王佃利主编：《行政管理学》，清华大学出版社，2011 年版，第 223 页。

[2] 参见曹现强、王佃利主编：《行政管理学》，清华大学出版社，2011 年版，第 223 页。

[3] 参见高伟东：《中国将是今年唯一正增长主要经济体》，中国经济网，http://paper.ce.cn/jjrb/html/2020-10/15/content_429808.htm，2020 年 12 月 13 日访问。

[4] 参见曹现强、王佃利主编：《行政管理学》，清华大学出版社，2011 年版，第 223 页。

[5] 参见曹现强、王佃利主编：《行政管理学》，清华大学出版社，2011 年版，第 223 页。

理中的重要地位，但不代表决策能够替代其他管理职能。[1]

第二节 行政决策体制

一、行政决策体制的含义

行政决策体制是指行政决策组织及其人员所形成的体系和制度。行政决策体制的构成要素包括两个：一个是决策权力及其运行方式，另一个是决策主体及其职责划分。[2] 行政决策体制的两个构成要素也可以表述为行政决策机构的设置和相关权力的配置。

二、行政决策体制的构成

现代行政决策体制主要包括三个部分，即行政决策中枢系统、行政决策咨询系统、行政决策信息系统。[3] 各个系统的职责与功能存在较大差异。

（一）行政决策中枢系统

作为行政决策体制的核心，中枢系统由拥有决策权的行政领导者（集体）构成，在决策体制中居于统率和支配地位，拥有最高决策权，同时承担行政决策的主要责任。[4] 行政决策中枢系统的主要任务如下：

确认决策问题。行政决策的逻辑起点是决策问题的确定。尽管决策问题由中枢系统来确认，但未必由中枢系统发现，但是只有经过中枢系统确认的问题才能进入议事日程中。决策问题的来源是社会公共问题，决策中枢系统

---

[1] 参见曹现强、王佃利主编：《行政管理学》，清华大学出版社，2011 年版，第 224 页。
[2] 参见韩莹莹、胡晓东主编：《行政管理学》，华中科技大学出版社，2013 年版，第 98 页。
[3] 参见韩莹莹、胡晓东主编：《行政管理学》，华中科技大学出版社，2013 年版，第 99 页。
[4] 参见郑志龙主编：《行政管理学》，高等教育出版社，2011 年版，第 209 页。

根据问题的性质、轻重缓急，从诸多社会公共问题中，辨别出需要解决的关键问题。[1]

确定决策目标。[2] 决策目标是指决策主体希望通过决策的实施而达到的结果，[3] 因此，决策目标确定得是否正确直接关系到决策方案的选择，也就关系到决策的成败。行政决策的中枢系统确定决策目标的依据一般包括公众诉求、决策环境、价值偏好等。事实上，决策目标的确定过程就是一个价值选择过程。[4] 例如，一级政府在绿水青山和金山银山之间的选择其实就是价值选择的体现，即是追求 GDP 的增长，还是保护生态环境。尽管从根本上讲，绿水青山就是金山银山，但是绿水青山以什么样的方式和速度转化成金山银山，在短期内带来的经济效益是不同的。我国已经有很多为了金山银山而毁坏绿水青山的实例，作出这些决策的主体不一定认为绿水青山不重要，只是在其看来，不管是对个人晋升而言，还是对地方经济发展速度而言，绿水青山尽管重要，但是没有变现的金山银山重要。正是因为民众已经深受其害，所以生态文明建设才会被写进党的十八大报告，绿水青山就是金山银山的理念才会被写进党的十九大报告，这显示出中央层面对绿水青山的重视，显示出对牺牲绿水青山换取金山银山的行为的否定态度。

组织决策方案的拟定。决策方案的拟定充满科学性和技术性，因此行政决策的中枢系统通常不会自己制定决策方案，而是由咨询系统承担拟定决策方案的任务。而中枢系统需要做的是为参与制定方案的人员提供良好的工作环境，以便其能够不受干扰地开展方案设计和评估工作。[5]

抉择方案。选择最终决策方案是决策中枢系统的任务，也是决策中枢系统行使决策权的表现。[6] 真正行使决策权的方式可能是首长负责制，也可能是委员会集体负责制。首长负责制的优点在于决策迅速，责任明晰，符合现代管理的需要；委员会集体负责制的优点是能够集思广益，最大限度地弥补个

---

[1] 参见郑志龙主编：《行政管理学》，高等教育出版社，2011 年版，第 209 页。

[2] 参见郑志龙主编：《行政管理学》，高等教育出版社，2011 年版，第 209 页。

[3] 参见韩莹莹、胡晓东主编：《行政管理学》，华中科技大学出版社，2013 年版，第 102 页。

[4] 参见郑志龙主编：《行政管理学》，高等教育出版社，2011 年版，第 209 页。

[5] 参见郑志龙主编：《行政管理学》，高等教育出版社，2011 年版，第 209 页。

[6] 参见郑志龙主编：《行政管理学》，高等教育出版社，2011 年版，第 209 页。

人在知识和经验方面的欠缺，以减少决策失误。[1]

(二) 行政决策咨询系统

行政决策咨询系统由掌握各门类知识的专家学者[2]和富有实践经验的官员组成[3]，是行政决策的辅助机构，其基本职责是“谋”而不“断”，主要任务是协助中枢系统分析决策问题、确定决策目标、拟定决策方案，为决策者评估、优选、抉择方案提供科学依据。[4] 行政决策咨询系统的主要特点如下：

群体性，是指咨询系统由不同专业领域的专家群体构成，而不是一个人。[5]

辅助性，是指咨询系统的存在是为了提升中枢系统决策的科学性，是发挥参谋的作用。[6]

相对独立性，是要求咨询系统在客观事实基础上，客观中立地分析问题，提出建议。[7] 作为参谋机构，咨询系统被寄予的期望是提供科学性建议，这往往需要相关人员不受干扰地独立工作，以保持自身观点的独立性，这才有可能让参与决策的各个方面都注意到一些可能被忽视但又可能非常关键的问题。

科学性，是指各方面的专家运用科学知识、先进技术手段、科学的分析技术和方法为决策者的决策提供专业化服务，以此代替简单的经验判断。[8] 因此，中枢系统在咨询系统辅助之下作出符合科学性的决策也是科学性的应有之义。

(三) 行政决策信息系统

行政决策的进行以行政信息为基础，行政决策信息系统则是由从事行政

---

[1] 参见郑志龙主编：《行政管理学》，高等教育出版社，2011 年版，第 210 页。
[2] 参见韩莹莹、胡晓东主编：《行政管理学》，华中科技大学出版社，2013 年版，第 99 页。
[3] 参见郑志龙主编：《行政管理学》，高等教育出版社，2011 年版，第 210 页。
[4] 参见韩莹莹、胡晓东主编：《行政管理学》，华中科技大学出版社，2013 年版，第 99 页。
[5] 参见韩莹莹、胡晓东主编：《行政管理学》，华中科技大学出版社，2013 年版，第 99 页。
[6] 参见韩莹莹、胡晓东主编：《行政管理学》，华中科技大学出版社，2013 年版，第 99 页。
[7] 参见韩莹莹、胡晓东主编：《行政管理学》，华中科技大学出版社，2013 年版，第 99 页。
[8] 参见韩莹莹、胡晓东主编：《行政管理学》，华中科技大学出版社，2013 年版，第 99 页。

信息处理的机构、人员、信息处理的各个环节构成的有机整体。[1] 因为决策问题的发现、决策目标的确定、决策方案的拟定以及决策方案的评估和抉择都离不开行政信息，所以行政决策信息系统在决策过程中占有重要的地位，发挥着重要作用，是行政决策中枢系统的“神经系统”。[2] 其主要任务如下：

收集信息。行政决策需要从大量信息中发现问题，之后解决问题。因此，收集信息应当符合以下基本要求：①收集信息的范围要具有广泛性，不仅包括决策系统内部信息，也包括决策系统外部信息。前者是为了便于了解各部门情况、协调部门工作，后者是为了便于了解民众需求，以辅助决策者明确决策问题和决策方向。②收集信息时要注意其历史延续性。因为任何决策问题的发生、发展都是一个连续的过程，收集决策问题的历史信息有助于决策者了解该问题的全貌。③信息收集要有预测性。这是说信息收集要有一定的前瞻性，才能够为决策提供及时、有效的信息支持。④信息收集应当具有真实性。收集信息要保证全面、系统的同时还要真实、客观。[3] 真实性是信息收集工作应当坚守的底线。如果缺乏真实性，一切信息都没有意义。如果没有真实性，了解决策问题的全貌和为决策提供预测性支持也就无从谈起。因此，信息收集的所有工作都应该以真实性为基础，如此开展的信息收集工作才有意义。

加工信息。信息收集上来以后，需要对其进行甄别、筛选、分析和综合，对有价值的信息进行分类、编排和存档，这就是加工信息。加工信息应当符合以下要求：①及时。因为信息使用价值的大小和提供信息的时间快慢成正比，所以加工信息应该尽可能地迅速。[4] 2020 年 6 月 11 日，北京连续 56 天无本地新增确诊病例的局面被打破，因为这一天“西城大爷”被确诊，在“西城大爷”的配合下，流调人员在 24 小时内锁定了新发地为此次疫情源头，[5] 为相关部门采取措施争取了宝贵时间。②准确。准确是信息系统的生命线，

---

[1] 参见韩莹莹、胡晓东主编：《行政管理学》，华中科技大学出版社，2013 年版，第 99 页。

[2] 参见郑志龙主编：《行政管理学》，高等教育出版社，2011 年版，第 211 页。

[3] 参见郑志龙主编：《行政管理学》，高等教育出版社，2011 年版，第 211 页。

[4] 参见郑志龙主编：《行政管理学》，高等教育出版社，2011 年版，第 211 页。

[5] 参见《面对面丨与病毒赛跑！揭秘北京“西城大爷”确诊后的疫情防控 48 小时》，大众网，http://www.dzwww.com/xinwen/guoneixinwen/202007/t20200713_6238520.htm，2020 年 12 月 13 日访问。

在加工信息时，对信息的质量需要认真研究，从而确保信息真实、准确。[1] 为了搞清楚“西城大爷”在确诊前 14 天内的活动轨迹，流调人员需要掌握技巧，提出问题，以便“西城大爷”能够准确回忆其过去两周的活动轨迹。[2] 正是这种“准确”，才让新发地被及时锁定，为北京及时控制疫情创造了条件。

传递信息。通过一定的渠道将信息传递给行政决策的中枢系统和咨询系统就是传递信息。传递信息的渠道通常有三种类型：①纵向传递，即在不同层次的行政组织之间传递决策信息。②横向传递，即在相同层次的行政组织、部门之间传递决策信息。③综合传递，既包括纵向传递，也包括横向传递。此外，信息传递的速度直接关系到决策成败，因此，要保证信息传递渠道尽量畅通且尽量及时，以此保证信息传递速度的同时，避免信息失真。[3]

三、行政决策体制的类型

以最高决策权的归属不同，可以把行政决策体制分为不同类型。[4]

（一）以掌握最高决策权的人数为标准，可以分为个人决策模式和集体决策模式[5]

个人决策模式是指最高决策权归某个人独自掌握，包括个人专断和个人负责两种具体形式。个人专断是指在法律上、习惯上或者事实上，由个人独自掌握决策权，但是作为决策者又不承担责任，不受监督。个人负责是指决策权归个人，但是决策者要对选民或者其代表机构负责，不得违法，否则应当受到制裁。[6]

---

[1] 参见郑志龙主编：《行政管理学》，高等教育出版社，2011 年版，第 211 页。

[2] 参见《面对面丨与病毒赛跑！揭秘北京“西城大爷”确诊后的疫情防控 48 小时》，大众网，http://www.dzwww.com/xinwen/guoneixinwen/202007/t20200713_6238520.htm，2020 年 12 月 13 日访问。

[3] 参见郑志龙主编：《行政管理学》，高等教育出版社，2011 年版，第 211 页。

[4] 参见曹现强、王佃利主编：《行政管理学》，清华大学出版社，2011 年版，第 249 页。

[5] 参见曹现强、王佃利主编：《行政管理学》，清华大学出版社，2011 年版，第 249 页。

[6] 参见曹现强、王佃利主编：《行政管理学》，清华大学出版社，2011 年版，第 249 页。

集体决策模式是指由两人以上的委员会议集体掌握决策权，决策集体内的全体成员拥有同等决策权力，共同决策、共同负责。这种决策模式的优点是便于集思广益，博采众长，处理问题谨慎，有利于实现决策的科学化和民主化；缺点是权责没有具体到个人，容易出现争功诿过的现象，导致决策缓慢，提升决策成本。[1]

（二）以决策权力使用特点为标准，可以分为集权制和分权制[2]

集权制是指决策权集中于上级机关，下级机关只能按照上级机关指令行事的决策体制。集权制的优点是制定的公共政策更具有全局性，能够更好地实现统筹兼顾；缺点是决策层次多、程序复杂，不能因地制宜，而且容易导致上级机关专断，无法发挥下级机关的积极性和创造性。[3]

分权制是指各级机关在各自管辖范围内享有决策权，上级机关无权干预的决策体制。分权制的优点是各级机关能因地制宜制定政策；缺点是各级决策机关之间容易发生冲突，也可能出现相互推诿、不负责任的情况。[4]

一般来说，决策权力的集中程度和控制程度成正比，和决策效能成反比，决策中心离实践越近，决策效能越高，[5] 但这并不绝对。决策权力高度集中的体制很适合需要统一行动的情况，权力越集中，越容易实现统一行动，行动效果越理想。决策权力集中往往意味着，涉及的组织层级较多，决策中心离实践（决策问题）较远，但决策效能未必就低。这其实取决于处于高层的决策中心能否及时接收到准确的决策信息。这里对信息的要求有两个，一是及时，二是准确。在这两点都能够保证的前提下，即便决策中心离决策问题较远，但依然能够及时、准确掌握决策信息，了解决策问题，如此就不会影响决策效能。

---

[1] 参见曹现强、王佃利主编：《行政管理学》，清华大学出版社，2011 年版，第 249 页。
[2] 参见曹现强、王佃利主编：《行政管理学》，清华大学出版社，2011 年版，第 249 页。
[3] 参见曹现强、王佃利主编：《行政管理学》，清华大学出版社，2011 年版，第 249 页。
[4] 参见曹现强、王佃利主编：《行政管理学》，清华大学出版社，2011 年版，第 250 页。
[5] 参见曹现强、王佃利主编：《行政管理学》，清华大学出版社，2011 年版，第 250 页。

第三节 行政决策类型

因为行政管理事务十分庞杂，所以行政决策对象十分广泛而复杂，影响行政决策的因素也复杂而多样，行政决策者的主观思维活动情况和决策行为方式也各有不同。对行政决策进行分类，有助于明晰不同类型决策的特点、作用和方法，有助于决策者作出正确决策。[1] 根据不同的分类标准，可以对行政决策进行以下分类。

一、根据决策行为采取的方式不同，可分为程序性决策、非程序性决策和部分程序性决策[2]

（一）程序性决策

程序性决策，也称为例行决策、常规决策、重复决策，解决的是经常重复出现的、性质相近的例行性问题，可以按照程序化步骤和常规原则进行决策，即决策者照章行事，基本能够保证决策成功的决策行为。下层行政人员主要进行程序性决策。[3]

（二）非程序性决策

非程序性决策，也称为非常规决策，解决的是偶尔出现的、例外的、无先例可循的问题，决策行为没有现成规范可以遵循，决策者只能依靠创造性思维活动进行的决策行为。上层领导主要进行非程序性决策。[4]

（三）部分程序性决策

部分程序性决策，是指决策过程中一部分决策行为有现成规范和原则可

---

[1] 参见曹现强、王佃利主编：《行政管理学》，清华大学出版社，2011 年版，第 224-225 页。
[2] 参见曹现强、王佃利主编：《行政管理学》，清华大学出版社，2011 年版，第 226 页。
[3] 参见曹现强、王佃利主编：《行政管理学》，清华大学出版社，2011 年版，第 226 页。
[4] 参见曹现强、王佃利主编：《行政管理学》，清华大学出版社，2011 年版，第 226 页。

以遵循，而另一部分则没有现成规范和原则可以遵循的决策行为。中层管理者较多从事部分程序性决策。❶

二、根据决策所具有的条件和可靠程度不同，可以分为确定型决策、不确定型决策和风险型决策❷

（一）确定型决策

确定型决策是指决策者在决策环境和条件完全确定的情况下进行的决策。在确定型决策中，决策者了解每一种决策方案的结果。❸ 例如，到某地出差路线的确定，❹ 尤其是在现代科技发达的条件下，到某地出差，什么路线最短，什么情况下走哪条路线用时最短，是容易确定的。

（二）不确定型决策

不确定型决策是指决策者在决策环境和条件不确定的情况下进行的决策，决策者可以知道不同方案在不同条件下的可能结果，但无法预测未来不同环境条件出现的概率。❺

（三）风险型决策

风险型决策是指决策者的决策目标是清晰的，可以知道不同方案在不同环境条件下的可能结果，虽然不能完全判断未来出现哪种环境条件，但是可以预测不同环境条件出现的概率。❻ 例如，诸葛亮的“空城计”。❼ 诸葛亮使用空城计是因为对手是多疑的司马懿，尽管司马懿多疑，但是也不能保证司马懿一定上当，只是按照其多疑的性格推测，其上当的可能性更大而已。

---

❶ 参见曹现强、王佃利主编：《行政管理学》，清华大学出版社，2011 年版，第 226 页。
❷ 参见郑志龙主编：《行政管理学》，高等教育出版社，2011 年版，第 202 页。
❸ 参见郑志龙主编：《行政管理学》，高等教育出版社，2011 年版，第 202 页。
❹ 参见曹现强、王佃利主编：《行政管理学》，清华大学出版社，2011 年版，第 225 页。
❺ 参见郑志龙主编：《行政管理学》，高等教育出版社，2011 年版，第 202 页。
❻ 参见郑志龙主编：《行政管理学》，高等教育出版社，2011 年版，第 202 页。
❼ 参见曹现强、王佃利主编：《行政管理学》，清华大学出版社，2011 年版，第 225 页。

三、根据决策目标要求不同，可分为最优决策和满意决策[1]

（一）最优决策

最优决策是在理想条件下追求实现最优目标的决策。[2] 实际上，最优决策在现实中是难以实现的，因为理想的决策条件在现实中基本不会存在。例如，决策者基本上不可能掌握决策需要的全部信息，决策者也不会具备绝对的预知能力，加之决策执行者的素质层次多样，民众的行为更具有可变性等，所以最优决策在实践中基本难以实现。

（二）满意决策

满意决策是在现实条件下追求满意目标的决策。因为实践中，绝对的最优目标是无法实现的，所以行政决策通常都是满意决策，而不是最优决策，是在现实条件下尽力选择最佳决策方案的决策。[3]

第四节　行政决策程序

行政决策程序是行政决策活动需要完成的基本环节或者步骤，是行政决策活动的客观运行过程。只有遵循行政决策程序才能减少决策失误。[4] 办事程序中的各种环节或者步骤的存在基本都有其存在意义，大多是经过实践检验而有必要存在的环节或者步骤，但是这些步骤存在的原因往往无人解答，所以民众遇到环节较多的办事程序时，时常因为觉得麻烦而牢骚满腹，其实只是因为不理解相关环节存在的意义。有鉴于此，行政组织在开展公共管理和提供公共服务的过程中，有需要民众完成的办事环节时，可以出示一个公告，

[1] 参见韩莹莹、胡晓东主编：《行政管理学》，华中科技大学出版社，2013 年版，第 98 页。
[2] 参见韩莹莹、胡晓东主编：《行政管理学》，华中科技大学出版社，2013 年版，第 98 页。
[3] 参见韩莹莹、胡晓东主编：《行政管理学》，华中科技大学出版社，2013 年版，第 98 页。
[4] 参见郑志龙主编：《行政管理学》，高等教育出版社，2011 年版，第 211-212 页。

用于解释每一个环节的存在意义，以争取民众的理解。

一、发现问题

行政决策是为了解决问题，如果没有需要解决的问题，也就不需要决策，所以通过调查研究发现问题是行政决策的第一步。在这个环节需要对问题进行如下确认：明确问题发生的时间和波及范围，分析问题可能带来的近期影响和长期影响，分析诱发问题发生的原因，为决策目标的确定和方案的拟定与选择打下良好基础。[1] 这一步涉及的是一个非常重要的问题，即政策问题的确认。政策问题是指政策要解决的问题，政策问题和公共问题、社会问题不能等同。只有带有普遍性和共性的社会问题或者公共问题才会成为政策问题，而且成为政策问题的问题需要具备一定的影响范围和强度。也就是说，问题的强度和影响力以及渴望解决问题的强度对该问题能否进入政府议程以及在议程中的排序具有关键影响。[2] 中国的一句俗话最能解释这一点，即“会哭的孩子有奶吃”。“哭”是孩子表达需求的一种方式，“哭”的声音很大，情绪很激动，表示渴望需求被满足的程度十分强烈，那么孩子的身边人就会放下手中的其他事情，首先满足正在“哭”的孩子的需求，也就是说满足正在“哭”的孩子的需求这件事不仅吸引了其身边人的注意力，而且被摆在了其他事情之前。

对于希望推动某个公共问题或者社会问题成为政策问题的一方而言，了解政策问题的确认途径非常必要。纵观世界各国，社会问题或公共问题成为政策问题，即进入政府议程的途径主要有以下几种。

（一）外部发动型

这种情况是指重大突发事件发生时，要求政府快速将特定问题作为紧急问题优先处理，主要有自然灾害事件、社会突发事件等。[3] 2008 年，汶川地

[1] 参见郑志龙主编：《行政管理学》，高等教育出版社，2011 年版，第 212 页。
[2] 参见夏书章主编：《行政管理学》，高等教育出版社、中山大学出版社，2018 年版，第 219 页。
[3] 参见夏书章主编：《行政管理学》，高等教育出版社、中山大学出版社，2018 年版，第 220 页。

震发生后，从中央到地方的各级政府都把帮助灾区救灾放在首位，这是典型的由自然灾害引发的政策问题。在互联网普及的当代，很多问题都是在网上引起热议之后，才引起政府关注并予以解决的。[1]

（二）政治动员型

这种情况常常是由执政党和国家最高领导集团或政治领袖系统性提出基本原则和根本问题，通过自上而下的推动，形成各级政府的政策议程，再进行外部动员，争取民众接受和认可。[2]

（三）内部发动型

这种情况是指政府内部的部门在调查研究的基础上发现问题，经过相关程序被采纳为政府的正式议程。[3]

外部发动型可能会让政府显得被动，但是类似自然灾害这样的诱因也是无法避免的；政治动员型对于需要被解决的问题而言或许是最佳途径，因为有最高领导人自上而下的推动，这意味着在政府内部遇到的阻力是最小的；内部发动型对于各级政府而言可能是解决问题最为从容的一种方式，因为这源于政府内部部门的调查和认可，不是外力推动，没有上级压力，所以也能彰显政府发现问题的能力和对问题的敏锐性。

二、确定目标

行政决策的目标是决策主体希望通过决策实施而实现的一种结果。确定科学的决策目标具有决定性作用。因为决策目标规定了决策方案的设计方向，也是判断决策方案优劣的基本标准，还是检验决策执行结果的基本尺度。[4] 因此，在确定决策目标时，应注意以下几点。

---

[1] 参见夏书章主编：《行政管理学》，高等教育出版社、中山大学出版社，2018 年版，第 220 页。

[2] 参见夏书章主编：《行政管理学》，高等教育出版社、中山大学出版社，2018 年版，第 220 页。

[3] 参见夏书章主编：《行政管理学》，高等教育出版社、中山大学出版社，2018 年版，第 220 页。

[4] 参见韩莹莹、胡晓东主编：《行政管理学》，华中科技大学出版社，2013 年版，第 102 页。

（一）针对性

目标设定必须具有针对性，即目标要能够切中问题要害。[1] 简言之，实现了目标就能解决问题，这才是对的目标。

（二）明确性

明确性是指决策目标应当明确一些内容，包括决策实施要完成的内容、数量、质量以及完成时间。[2] 目标明确才便于操作，便于衡量决策实施效果，便于对决策实施作出客观评价。

（三）合规性

行政决策的实施是为了解决公共问题或者社会问题，因此决策目标应当符合公众诉求和公共利益要求，还应当符合法律、法规的规定。[3] 行政决策目标的实现从根本上讲是为了实现和提升公共利益，所以符合公众诉求和公共利益的要求是应有之义，而决策目标符合法律、法规的规定也是依法治国原则在行政管理中的体现。

（四）可行性

目标的确定在于解决问题，而解决问题往往需要很多资源的支持，包括环境、能力等，所以确定目标时，要从实际出发，量力而行，同时也不能为了能够实现目标而把目标定得过低，以免抑制行政人员的工作积极性，[4] 因为不需要努力就能实现的目标，是无法调动工作人员的工作热情的；也不能把目标定得过高，除了相应的资源无法支持之外，也会抑制工作人员的积极性，因为目标过高意味着，不管怎么努力，都无法实现目标，工作人员也就失去了努力的动力和积极性。因此，决策目标是否具有可行性，关键在于对“度”

---

[1] 参见郑志龙主编：《行政管理学》，高等教育出版社，2011 年版，第 212 页。
[2] 参见郑志龙主编：《行政管理学》，高等教育出版社，2011 年版，第 212 页。
[3] 参见郑志龙主编：《行政管理学》，高等教育出版社，2011 年版，第 212 页。
[4] 参见郑志龙主编：《行政管理学》，高等教育出版社，2011 年版，第 212 页。

的把握。

（五）系统性

系统性是指目标之间相互协调，避免相互冲突、牵制等。[1] 相互协调、相互配合的目标之间是一种相互成就的关系，而相互牵制甚至相互冲突的目标则只会相互掣肘，因此当决策目标是一个诸多子目标构成的体系时，就要保证子目标之间是相互协调的，至少相互不冲突，这样才能保证总目标的实现。

（六）灵活性

灵活性是指目标要具有一定的弹性，以适应变化的环境，从而便于操作。[2] 在明确行政决策要解决的问题以后，就问题本身而言还是存在一定的变数。因为环境始终处在变化中，决策问题自然也不能脱离环境而存在，而且问题的发生、发展往往自带规律，所以决策问题本身就在不断变化中，两方面因素加在一起造成的结果就是决策问题的解决需要实现一个具有灵活性的目标，这个目标既有明确性，同时也不会因为实际情况的变化而失去可操作性。

三、拟订方案

拟订方案是在明确决策目标之后，经过调查研究，借助恰当的技术和方法，设计、规划出多种实现目标的备选方案的过程。拟订方案的过程可以分成两步：一是初步设计；二是精心设计。[3]

（一）初步设计

初步设计也可以称为轮廓设计，这一步的工作重点是从不同角度思考问题，探求各种可能实现决策目标的方案。这需要开放思路，大胆设计，尽可

[1] 参见曹现强、王佃利主编：《行政管理学》，清华大学出版社，2011 年版，第 231 页。
[2] 参见曹现强、王佃利主编：《行政管理学》，清华大学出版社，2011 年版，第 231 页。
[3] 参见韩莹莹、胡晓东主编：《行政管理学》，华中科技大学出版社，2013 年版，第 102 页。

能提出各种有价值的解决方案。边思考、边探寻、边筛选，淘汰掉缺少可操作性的、副作用较大的方案。[1]

（二）精心设计

精心设计阶段的工作重点是对保留下来的方案进行再设计和再构思，将每个有价值的方案的细节和关键点具体化，以形成备选方案。在精心设计方案阶段，需要严谨周密，关注细节。[2]

四、评估方案

评估方案就是对方案的可行性进行评价，即可行性分析。主要分析以下几个内容：一是政治可行性分析，即是否符合民众意愿，是否符合国家的路线、方针、政策；二是法律可行性分析，即是否具备充分的法律依据；三是经济可行性分析，即是否具备方案实施的经济条件；四是技术可行性分析，即是否具备方案实施的技术手段和设施；五是环境可行性分析，即社会文化环境是否允许、接受方案的实施。[3]

五、抉择方案

抉择方案是指在评估方案的基础上，对各种方案进行仔细比较、鉴别，精心筛选，确定满意方案的过程。[4]

在评估方案的基础上，进行方案抉择时，通常参考以下标准：一是备选方案是否有利于目标的实现；二是备选方案是否能够实现最大效益；三是备选方案是否做到风险最低；四是备选方案实施后的负作用是否尽可能的小。[5]

---

[1] 参见郑志龙主编：《行政管理学》，高等教育出版社，2011 年版，第 212 页。
[2] 参见郑志龙主编：《行政管理学》，高等教育出版社，2011 年版，第 212-213 页。
[3] 参见韩莹莹、胡晓东主编：《行政管理学》，华中科技大学出版社，2013 年版，第 102 页。
[4] 参见韩莹莹、胡晓东主编：《行政管理学》，华中科技大学出版社，2013 年版，第 103 页。
[5] 参见曹现强、王佃利主编：《行政管理学》，清华大学出版社，2011 年版，第 232 页。

六、实施决策，追踪反馈

（一）实施决策

实施决策往往包括两个阶段：一是局部试验；二是全面实施，[1] 但并不是所有的决策实施都从局部试验开始。方案实施从局部试验开始是由人的认知能力的有限性、获取和运用信息的能力的有限性、决策环境和决策条件的变化性决定的。[2] 在无法预测决策方案实施效果和可能带来的不利影响时，往往选择先进行局部试验，再根据实际情况决定是否全面实施。

（二）追踪反馈

实施决策可能有以下几种情况：①决策目标得以实现，这说明了决策方案的可行性和合理性；②决策目标部分实现，这证明决策方案具有一定的合理性，但还存在不足或者缺陷；③决策目标未能实现，这说明决策方案从根本上是错的。[3] 通过对决策的实施情况展开追踪并将实施情况反馈给决策层，以便作出下一步决定。

决策层可以根据决策方案实施的三种情况，作出三种不同的应对：①从局部试验推向全面实施，[4] 按照决策方案继续执行；②对决策方案进行系统分析，之后作出修改和完善；[5] ③对原方案作出重大调整[6]或者在深入调查研究的基础上重新决策。[7]

---

[1] 参见郭小聪主编：《行政管理学》，中国人民大学出版社，2012 年版，第 117 页；郑志龙主编：《行政管理学》，高等教育出版社，2011 年版，第 213 页。

[2] 参见郑志龙主编：《行政管理学》，高等教育出版社，2011 年版，第 213 页。

[3] 参见郑志龙主编：《行政管理学》，高等教育出版社，2011 年版，第 213 页。

[4] 参见郑志龙主编：《行政管理学》，高等教育出版社，2011 年版，第 213 页。

[5] 参见郑志龙主编：《行政管理学》，高等教育出版社，2011 年版，第 213 页。

[6] 参见郭小聪主编：《行政管理学》，中国人民大学出版社，2012 年版，第 117 页。

[7] 参见郑志龙主编：《行政管理学》，高等教育出版社，2011 年版，第 213 页。

第八章 行政执行

一个完整的行政决策过程到决策方案确定时并没有结束，还应该包括决策实施以及根据决策实施情况（决策执行情况）作出的后续部署。因此，从广义上讲，行政执行也是行政决策过程的一部分，但是行政执行和行政决策往往不是由同一个组织或者机构完成，执行过程和决策过程也存在明显区别。因此，行政执行又是一个可以自成体系的行政管理活动。

第一节 行政执行概述

一、行政执行的含义和特点

（一）含义

行政执行是指行政组织及其工作人员为贯彻落实国家法律法规和决策机关发出的决策指令而进行的全部活动。[1]

（二）行政执行的特点

①目的性，是指行政执行的目的在于实施决策，全部措施和活动都是为

[1] 参见郭小聪主编：《行政管理学》，中国人民大学出版社，2012 年版，第 126 页。

了实现决策目标。[1]

②经常性，是指在行政管理过程中，行政执行是一项经常性、例行性活动，行政组织及其工作人员的大部分时间和精力都用来开展行政执行。[2]

③强制性，是指行政管理是依法处理国家事务、实现统治阶级意志的过程，因此，行政执行具有国家强制力。作为行政管理活动的一部分，全部社会组织和公民都必须服从行政执行。[3]

④灵活性，是指行政执行应当根据实际情况，因地制宜、因时制宜地开展。在执行条件不同的情况下，执行方式、方法、手段等都有所不同才能保证行政执行的成功。[4]

⑤时效性，是指行政执行是有明确时限规定的，所以要求行政执行组织及工作人员在规定时间内完成规定任务和动作，从而保证决策目标的实现。[5]

二、行政执行的原则

（一）忠诚原则

行政执行是为了落实决策，所以行政执行要忠于决策。[6] 为此，执行人员要保证对决策理解充分，了解决策意图、目标依据和决策成败的后果，还要建立严格的制度，从制度层面保证执行任务的完成。[7]

（二）法治化原则

行政管理的基本要求是依法行政，作为行政管理活动的组成部分，行政执行应当遵循相应的法律法规和规则等规定，[8] 为全体民众遵守法制原则、依

[1] 参见郭小聪主编：《行政管理学》，中国人民大学出版社，2012 年版，第 126 页。
[2] 参见郭小聪主编：《行政管理学》，中国人民大学出版社，2012 年版，第 126 页。
[3] 参见韩莹莹、胡晓东主编：《行政管理学》，华中科技大学出版社，2013 年版，第 116 页。
[4] 参见郭小聪主编：《行政管理学》，中国人民大学出版社，2012 年版，第 127 页。
[5] 参见郭小聪主编：《行政管理学》，中国人民大学出版社，2012 年版，第 126-127 页。
[6] 参见韩莹莹、胡晓东主编：《行政管理学》，华中科技大学出版社，2013 年版，第 117 页。
[7] 参见韩莹莹、胡晓东主编：《行政管理学》，华中科技大学出版社，2013 年版，第 118 页。
[8] 参见郭小聪主编：《行政管理学》，中国人民大学出版社，2012 年版，第 129 页。

法行事作出表率。

（三）速度和质量兼顾原则

行政执行往往要求速度快、时间短，所以对行政执行的效率要求很高。但与此同时就可能会出现追求速度而忽视质量的问题。这不仅会浪费人力、物力、财力和时间资源，还可能给行政执行造成严重不良影响和阻碍。因此，行政执行不仅要保证速度，还要追求质量。[1]

（四）公开公正原则

行政执行活动关系到人民群众的切身利益，所以行政执行必须遵循依法公开原则，提升执行活动的透明度。[2] 因为行政执行是以国家名义对人民群众切身利益产生影响的活动，所以保证行政执行的公正开展是必然要求，也只有公开才能保证公正。

（五）服务原则

服务原则主要有两个方面的要求：一是要求行政执行要坚持服务于民；二是要求行政执行要服务和服从于法律和决策。[3]

三、行政执行的地位、作用

（一）行政执行是行政决策付诸实践的唯一途径[4]

作为行政管理的中心环节，决策正确与否直接关系到行政管理的成败，但是作出好的决策并不意味着好的结果。因为决策还需要得以贯彻执行才具有实际价值，所以行政执行就成了行政决策落地的唯一途径。[5]

---

[1] 参见郭小聪主编：《行政管理学》，中国人民大学出版社，2012 年版，第 129 页。

[2] 参见韩莹莹、胡晓东主编：《行政管理学》，华中科技大学出版社，2013 年版，第 117 页。

[3] 参见郭小聪主编：《行政管理学》，中国人民大学出版社，2012 年版，第 128-129 页。

[4] 参见郑志龙主编：《行政管理学》，高等教育出版社，2011 年版，第 217 页。

[5] 参见郑志龙主编：《行政管理学》，高等教育出版社，2011 年版，第 217 页。

（二）行政执行是检验和修正行政决策的依据[1]

实践是检验真理的唯一标准。因此，行政决策究竟正确与否，只能通过执行的实践活动来验证。重视执行，根据实际情况对决策作出修正和完善，才能保证行政决策的正确性，才能获得民众的支持，行政组织的管理才会更有成效。[2]

（三）行政执行效果是对行政管理工作进行评价的客观依据[3]

行政组织的机构设置是否合理，权责是否明确，工作人员配置是否合适，人员素质是否符合工作需要等，都会对行政执行效果产生直接影响，也都有赖于行政执行效果的检验。[4] 用实践结果对行政管理工作进行评价是最客观的评价尺度，也是用实践检验是否是真理的体现。

第二节　行政执行过程

行政执行是一个复杂过程，主要包括准备、实施和总结三个阶段，不同阶段有需要完成的不同任务。[5]

一、准备阶段

（一）计划准备

计划准备是指编制实施决策的行动计划，通过具体步骤和程序将行政执

❶ 参见郑志龙主编：《行政管理学》，高等教育出版社，2011 年版，第 217 页。
❷ 参见郑志龙主编：《行政管理学》，高等教育出版社，2011 年版，第 217 页。
❸ 参见郑志龙主编：《行政管理学》，高等教育出版社，2011 年版，第 217 页。
❹ 参见郑志龙主编：《行政管理学》，高等教育出版社，2011 年版，第 217 页。
❺ 参见郭小聪主编：《行政管理学》，中国人民大学出版社，2012 年版，第 134－137 页。

行活动固定下来，并作为规范和评价行政执行活动的标准。[1]

行政执行计划应当符合以下要求：①对决策目标和任务进行科学分解，以便各部门分工明确的同时又能够协同合作。②明确工作任务的轻重缓急和先后次序、完成时限，从而分清主次。③明确完成不同任务的方式、手段和要求。④精准测量和筹划行政执行需要的人力、物力、财力等资源，做到测量准确的同时准备充足。⑤执行计划要具备一定的弹性，以便实际情况发生变化时能够及时调整。[2]

（二）思想准备

思想准备是指通过宣传、动员等方式，让执行者和执行对象对决策和法令的内容、意义形成全面且深刻的认识，为行政执行打好思想基础，以保证相关人员能够以正确的方法、积极的态度和饱满的精神参与到行政执行过程中的活动。[3]

思想准备工作应当符合以下要求：①明确目的。通过各种方式，让相关人员明确法令和决策的目的和意义，最大限度地统一思想，并努力使其转化为自觉行动。②知悉计划内容。通过相关工作的开展，使相关人员了解执行计划的任务、要求、方式、时限等，以便相关人员明确自己的工作任务，调动其工作主动性和创造性。③广泛宣传。通过大众传媒、座谈会、咨询会等途径和形式，向民众宣讲行政决策意图等，征求民众意见，为行政执行打造有利的社会环境。[4]

（三）组织准备

组织准备主要是指建立从事执行活动的机构，配备从事执行活动的人员。主要内容如下：①建立或者确定行政执行机构。一般情况下，行政执行都是依靠现有机构完成的，在必要情况下，可以依法增设常设机构或者临时机构。

---

[1] 参见郭小聪主编：《行政管理学》，中国人民大学出版社，2012 年版，第 135 页。
[2] 参见郭小聪主编：《行政管理学》，中国人民大学出版社，2012 年版，第 135 页。
[3] 参见郭小聪主编：《行政管理学》，中国人民大学出版社，2012 年版，第 134-135 页。
[4] 参见郭小聪主编：《行政管理学》，中国人民大学出版社，2012 年版，第 135 页。

②配备工作人员。秉持德才兼备原则配备领导人员和普通工作人员，通过人员的合理搭配，发挥整体效应。③制订规章制度并严格执行。[1] 如果执行机构原有制度已经足以保证决策的执行，则不需要另外制订新的制度。

（四）法律准备

法律准备是指在执行决策之前，需要检查行政决策是否有法律依据，是否和法律相抵触；[2] 决策程序是否合法；决策方案是否依法呈批备案。[3]

（五）物质准备

物质准备是指筹备资金和交通工具、通信设施、办公用品等执行决策需要的物资。[4] 与执行机构和人员一样，通常情况下，办公用品、设备等执行活动需要的物资不会每执行一项决策就置办一次，现有物资通常能够满足执行任务的需要，除非有必要添置新的物资。物质准备应该遵循以最小投入获得最大产出的原则，避免浪费的同时，保证执行活动最基本的物质需要。[5]

（六）技术准备

现代信息技术的发展、网络的普及等因素导致现代行政管理不是具备一般的物质条件就能进行的活动了，需要具备相应的技术资源。技术准备不仅要配备技术设备，还要储备技术人员和专家。[6]

二、实施阶段

（一）指挥活动

行政执行的指挥是指行政领导者将已经确定的执行计划以命令、引导等

[1] 参见郭小聪主编：《行政管理学》，中国人民大学出版社，2012 年版，第 135 页。
[2] 参见韩莹莹、胡晓东主编：《行政管理学》，华中科技大学出版社，2013 年版，第 118 页。
[3] 参见郑志龙主编：《行政管理学》，高等教育出版社，2011 年版，第 217 页。
[4] 参见郑志龙主编：《行政管理学》，高等教育出版社，2011 年版，第 218 页。
[5] 参见郭小聪主编：《行政管理学》，中国人民大学出版社，2012 年版，第 136 页。
[6] 参见郑志龙主编：《行政管理学》，高等教育出版社，2011 年版，第 218 页。

方式实现行政执行活动的过程。指挥活动应该符合以下基本要求：①指挥统一，避免出现政出多门、多头指挥的现象。②指挥有力，这需要行政领导者必须享有依法授予的指挥权，该权力既不能滥用，也不能随意剥夺。③可以将指挥权进行合理分解，即可以对下属授予部分权力。[1]

（二）协调活动

协调活动的目的在于处理行政执行过程中出现的矛盾和冲突，以便在行政组织内外形成和谐的人际关系。[2] 协调活动的意义在于减少内耗，消除或者最大限度地降低外部阻力，为行政执行活动的开展营造良好的内外环境。

（三）监督活动

监督活动是指监督主体以行政执行计划为依据，对计划的执行情况开展及时跟踪和调查，尽力使问题在萌芽时即被发现。开展监督活动的主体应做到以下几点：①熟知行政执行计划，建立评价标准。②深入实践，以便及时发现执行中存在的问题和偏差。③发现问题后，查找原因并提出对策。[3]

（四）控制活动

控制活动是根据监督活动发现的情况，对行政执行活动实施主动、有效的干预，以免行政执行活动偏离目标和计划。[4] 根据控制活动开展的时间不同，可以将控制活动分为预先控制、事中控制和事后控制。①预先控制是对准备阶段的活动实施控制，发现准备不足的情况及时实施干预。②事中控制主要是对实施阶段的活动进行控制，对偏离执行计划目标和安排的行为加以制止。③事后控制是通过信息反馈系统提供的执行效果的信息，发现未能在执行活动进行中发现的问题，采取补救措施，以便将损失降到最低。[5]

---

[1] 参见郭小聪主编：《行政管理学》，中国人民大学出版社，2012 年版，第 136 页。
[2] 参见郭小聪主编：《行政管理学》，中国人民大学出版社，2012 年版，第 136 页。
[3] 参见郭小聪主编：《行政管理学》，中国人民大学出版社，2012 年版，第 136 页。
[4] 参见郭小聪主编：《行政管理学》，中国人民大学出版社，2012 年版，第 136–137 页。
[5] 参见郭小聪主编：《行政管理学》，中国人民大学出版社，2012 年版，第 137 页。

三、总结阶段

行政执行的总结阶段是指在行政执行活动结束后，对行政执行工作进行全面回顾，总结经验教训，为将来的行政决策提供实践材料。[1]

总结阶段的工作内容主要包括：一是全面回顾和检查行政执行活动。将事先确定好的指标或标准与执行结果作对比，以确定执行活动是否按时完成了预定目标；分析完成进度与效果；分析执行过程中的成绩和创新等。二是科学评价行政执行活动。依照标准对行政执行情况进行评价，例如，是否有创新，纠偏措施是否得力等。三是总结经验，反思不足。总结经验要从感性认识上升到理性认识；反思不足，要追根溯源，以便为将来的决策提供前车之鉴。[2]

第三节　行政执行的影响因素

行政执行的手段是行政组织为了完成行政任务、实现决策目标而采取的措施和方法，[3] 主要包括行政手段、经济手段、法律手段、思想教育手段。不同执行手段适合不同的任务，也具有不同的特点，以及优势和局限性。[4] 因此，不同的执行手段会对执行活动的效果产生不同程度的影响。此外，还有很多因素会对行政执行产生直接或者间接的影响。

一、行政任务

因为决策目标所要解决的公共事务的复杂性和重要程度各有不同，所以

[1] 参见郭小聪主编：《行政管理学》，中国人民大学出版社，2012 年版，第 137 页。
[2] 参见郭小聪主编：《行政管理学》，中国人民大学出版社，2012 年版，第 137 页。
[3] 参见郭小聪主编：《行政管理学》，中国人民大学出版社，2012 年版，第 130 页。
[4] 参见郭小聪主编：《行政管理学》，中国人民大学出版社，2012 年版，第 130-134 页。

行政执行任务的难易程度、重要程度、工作量也不相同，会对行政执行产生实质性影响。因此，完成执行任务需要的各种资源也存在不同程度的差异，由此导致行政执行涉及的部门和人员也存在差别。[1] 当行政任务本身十分复杂，需要调动的资源多，执行人员还需要经过专门培训才具备执行能力时，必然会增加行政执行的难度。

二、行政决策的质量

行政决策本身科学性强，可操作性强，执行难度相对较小；反之，执行难度较大，甚至不可能实施。[2] 缺乏科学性和可操作性的决策方案会给执行者留下较大余地，行政执行随意性的风险提升。此外，决策执行标准缺乏统一性，会导致执行活动无法做到统一意志和统一行动，也难以对执行结果作出公正评价。[3]

三、行政执行主体的素质

行政执行机构设置是否合理、权责是否统一、信息传递渠道是否畅通等都影响着执行活动的效果。领导者是否有权威，领导能力是强是弱，工作方法和经验是否得当等，都能对行政执行产生关键影响。此外，一般工作人员的素质也会对行政执行效果产生影响，包括理解能力、工作态度、业务能力等。[4] 在执行机构设置合理，执行人员对决策十分认可，对执行计划熟悉并且理解充分的情况下，行政执行过程往往会比较顺利；反之，行政执行过程则可能受阻。

---

[1] 参见《西北大学行政管理学教案》，西北大学官方网站，http://jpkc.nwu.edu.cn/xzgl/ja27.htm，2014 年 11 月 27 日访问。

[2] 参见《西北大学行政管理学教案》，西北大学官方网站，http://jpkc.nwu.edu.cn/xzgl/ja27.htm，2014 年 11 月 27 日访问。

[3] 参见郭小聪主编：《行政管理学》，中国人民大学出版社，2012 年版，第 138 页。

[4] 参见《西北大学行政管理学教案》，西北大学官方网站，http://jpkc.nwu.edu.cn/xzgl/ja27.htm，2014 年 11 月 27 日访问。

四、行政执行客体的素质

行政执行的客体主要包括民众和社会组织。民众的受教育程度、组织程度、政策理解能力、承受能力等因素都影响着行政执行效果。[1] 在民众受教育程度高、承受能力强、政策理解透彻的情况下，执行活动往往会比较顺利；反之，执行过程可能会阻碍重重。此外，在不同情况下，民众对组织程度的高或者低对于执行活动的影响向度，也不相同。民众组织程度高可能对行政执行产生正面影响，但是也可能产生负面影响；同理，民众组织程度低对行政执行的影响向度也不唯一。这主要取决于民众对决策的认可程度。

五、行政资源

可供完成执行任务的资源充足时，行政执行过程往往顺利，而且效果较好；反之，执行过程可能曲折坎坷，效果也可能不尽如人意。

六、行政环境

行政环境包括自然环境、经济环境、政治环境等，不同环境对行政执行的要求也各有不同。[2] 例如，在新冠肺炎疫情暴发以前，行政执行活动基本不需要考虑防疫的因素，其他因素准备充分就可以执行任务，但是新冠肺炎疫情暴发后，尤其是在疫情暴发初期，很多工作因疫情原因只能暂停，即便工作重启，也要首先考虑疫情防控措施是否充分，这与疫情暴发前执行任务要考虑的首要因素明显不同。

---

[1] 参见《西北大学行政管理学教案》，西北大学官方网站，http://jpkc.nwu.edu.cn/xzgl/ja27.htm，2014 年 11 月 27 日访问。

[2] 参见《西北大学行政管理学教案》，西北大学官方网站，http://jpkc.nwu.edu.cn/xzgl/ja27.htm，2014 年 11 月 27 日访问。

参考文献

著作：

［1］夏书章. 行政管理学［M］. 北京：高等教育出版社、中山大学出版社，2013.

［2］夏书章. 行政管理学［M］. 北京：高等教育出版社、中山大学出版社，2018.

［3］韩莹莹，胡晓东. 行政管理学［M］. 武汉：华中科技大学出版社，2013.

［4］郭小聪. 行政管理学［M］. 北京：中国人民大学出版社，2012.

［5］曹现强，王佃利. 行政管理学［M］. 北京：清华大学出版社，2011.

［6］郑志龙. 行政管理学［M］. 北京：高等教育出版社，2011.

［7］马建川，翟校义. 公共行政原理［M］. 郑州：河南人民出版社，2002.

［8］刘俊生. 管理学［M］. 北京：中国政法大学出版社，2009.

［9］刘俊生. 中国人事制度概要［M］. 北京：清华大学出版社，2009.

论文：

［1］龚霄侠. 现阶段中国行政环境和行政改革略论［J］. 兰州大学学报：社会科学版，2006（2）：110-115.

［2］陈延庆. 行政环境与行政职能变迁论析：行政生态学视角的考察［J］. 青岛科技大学学报：社会科学版，2009（4）：67-69.

［3］刘祖云，戴洁. 再论社会分层的依据［J］. 中南民族大学学报：人文社会科学版，2006（6）：122-126.

［4］李春仙. 基尼系数：社会贫富差距的预警绳［J］. 现代营销：经营版，

2019（9）.
[5] 陆家欢. 基尼系数与政府的社会职能：拉美国家的启示 [J]. 大连干部学刊，2008（8）：43-45.
[6] 张创新. 秦朝人事行政论要 [J]. 长白学刊，1994（2）.

宪法、法律、释义等：

[1]《中华人民共和国宪法》（2018），共产党员网，http://news.12371.cn/2018/03/22/ARTI1521673331685307.shtml，2020 年 10 月 15 日访问。
[2]《中华人民共和国公务员法》（2018）。
[3]《中华人民共和国监察法》，中国人大网，http://www.npc.gov.cn/npc/c30834/201803/ce9c51c278f24ebab91b2178a4498404.shtml，2020 年 11 月 19 日访问。
[4]《监察法释义（15）》监察对象范围，中央纪委国家监委网站，http://www.ccdi.gov.cn/toutiao/201804/t20180408_169484.html，2020 年 11 月 19 日访问。
[5]《公务员范围规定》，共产党员网，http://www.12371.cn/2020/03/13/ARTI1584065135862229.shtml，2020 年 11 月 22 日访问。
[6]《党政领导干部选拔任用工作条例》（2019），共产党员网，http://www.12371.cn/2019/03/17/ARTI1552825567208273.shtml，2020 年 11 月 23 日访问。
[7]《中华人民共和国国务院组织法》，中国人大网，http://www.npc.gov.cn/wxzl/gongbao/1982-12/10/content_1478493.htm，2020 年 12 月 1 日访问。

网站资源：

[1] 浙江政务服务网，http://www.zjzwfw.gov.cn/art/2018/12/28/art_1299557_28646313.html.
[2] 国家行政学院电子政务研究中心. 省级政府网上政务服务能力调查评估报告（2018）[EB/Ol]. [2020-10-12]. http://cegf.egovernment.gov.cn/art/2019/6/23/art_1852_5963.html.
[3] 人民日报：将“最多跑一次”改革向纵深推进 [EB/OL]. [2020-10-12]. http://opinion.people.com.cn/n1/2018/0709/c1003-30133577.html.

[4] 中国政府网，http://www.gov.cn/guowuyuan/2018-10/25/content_5334370.htm，2020 年 10 月 15 日访问。

[5] 教育领域中央与地方财政事权和支出责任划分改革方案 [EB/OL]. [2020-10-16]. http://www.gov.cn/zhengce/content/2019-06/03/content_5397093.htm.

[6] 张银峰. 高等教育人口占比提升至新水平 [EB/OL]. [2020-10-16]. http://sky.cssn.cn/sf/bwsf_sh/201705/t20170503_3506482.shtml.

[7] 张五军. 我国平等团结互助和谐民族关系形成的历史逻辑 [EB/OL]. [2020-10-16]. http://mzzj.yanan.gov.cn/zdzl/31371.htm.

[8] 国家民委工作职责 [EB/OL]. [2020-10-16]. https://www.neac.gov.cn/seac/mwjs/201012/1009121.shtml.

[9] 发改委负责人解答基本公共服务领域首部国家规划 [EB/OL]. [2020-10-23]. http://www.china.com.cn/news/local/2012-07/20/content_25960078.htm.

[10] 亢舒. 2020 年基本公共服务均等化总体实现 [EB/OL]. [2020-10-23]. http://news.eastday.com/eastday/13news/auto/news/china/20170303/u7ai6557312.html.

[11] 中共中央关于全面深化改革若干重大问题的决定（2013 年 11 月 12 日中国共产党第十八届中央委员会第三次全体会议通过）[EB/OL]. [2020-10-23]. http://www.china.org.cn/chinese/2014-01/17/content_31226494.htm.

[12] 习近平：新冠肺炎疫情是新中国成立以来在我国发生的传播速度最快 感染范围最广 防控难度最大的一次重大突发公共卫生事件 [EB/OL]. [2020-11-02]. http://www.dyjkbd.com/xjk/2020-02-23/7521.html.

[13] 国务院决定于 2020 年开展第七次全国人口普查 [EB/OL]. [2020-11-03]. http://www.hi.chinanews.com.cn/hnnew/2019-11-09/506027.html.

[14] 国家公务员局主要职责 [EB/OL]. [2020-11-17]. http://www.scs.gov.cn/jzyzr/.

[15] 颜维琦，曹继军. 进博会助力构建新发展格局：写在第三届中国国际进口博览会开幕之际 [EB/OL]. [2020-11-26]. https://news.gmw.cn/2020-11/04/content_34336420.htm.

[16] 彭瑶. 中国发布丨第三届进博会累计意向成交 726.2 亿美元 比上届增长 2.1% [EB/OL]. [2020-11-17]. http://news.china.com.cn/txt/2020-11/

10/content_76896208. htm.

[17] 政治素质是党员干部的“硬核”[EB/OL]. [2020-11-18]. http://www.rmlt. com. cn/2019/0124/538194. shtml.

[18] 陈希：培养选拔干部必须突出政治标准[EB/OL]. [2020-11-18]. http://cpc. people. com. cn/n1/2017/1116/c64094-29648920. html.

[19] 资料：天津市公安局党委书记、局长武长顺简历（图）[EB/OL]. [2020-11-18]. http://district. ce. cn/zt/rwk/sf/tj/tjrs/201208/23/t20120823_23612772. shtml.

[20] 首次披露丨武长顺落马前夜的疯狂举动[EB/OL]. [2020-11-18]. http://www. rmzxb. com. cn/c/2018-10-14/2189585. shtml.

[21] 中共中央印发《深化党和国家机构改革方案》[EB/OL]. [2020-11-19]. http://www. gov. cn/zhengce/2018-03/21/content_5276191. html.

[22] 中央机关及其直属机构 2019 年度考试录用公务员公告[EB/OL]. [2020-11-19]. http://www. gov. cn/xinwen/2018-10/21/content_5333232. htm.

[23] 中央机关及其直属机构 2021 年度考试录用公务员公告[EB/OL]. [2020-11-19]. http://bm. scs. gov. cn/pp/gkweb/core/web/ui/business/article/articledetail. html?ArticleId=8a81f324751ce03c0175222d63700039&id=0000000062b7b2b60162bccd55ec0006&eid=0000000062b7b2b60162bccdd5860007.

[24] 国务院机构改革方案[EB/OL]. [2020-11-19]. http://www. gov. cn/xinwen/2018-03/17/content_5275116. htm.

[25] 中华人民共和国人力资源和社会保障部. 我国出台规定进一步规范公务员回避制度[EB/OL]. [2020-11-23]. http://www. mohrss. gov. cn/SYrlzyhshbzb/dongtaixinwen/buneiyaowen/201202/t20120224_94950. htm.

[26] 中国新冠疫苗将成全球公共产品[EB/OL]. [2020-11-30]. http://health. people. com. cn/n1/2020/0519/c14739-31714282. html.

[27] 洪佳茗. 两起两落孟学农[EB/OL]. [2020-12-01]. http://www. xcgcinfo. com/sh/27818. html.

[28] 北京市密云县长张文引咎辞职[EB/OL]. [2020-12-01]. http://gsrb. gansudaily. com. cn/system/2004/04/17/000113326. shtml.

[29] 米方杰. 河南鲁山年终评议群众现场打分 15 名干部被免职[EB/OL].

[2020-12-01]. http://politics.people.com.cn/n/2012/1212/c1001-19875685.html.

[30] 盛若蔚，李章军. 做政治的明白人 发展的开路人 群众的贴心人 班子的带头人［EB/OL］.［2020-12-04］. http://leaders.people.com.cn/n/2015/0701/c58278-27234358.html.

[31] 高伟东. 中国将是今年唯一正增长主要经济体［EB/OL］.［2020-12-13］. http://paper.ce.cn/jjrb/html/2020-10/15/content_429808.htm.

[32] 面对面丨与病毒赛跑！揭秘北京“西城大爷”确诊后的疫情防控48小时［EB/OL］.［2020-12-13］. http://www.dzwww.com/xinwen/guoneixinwen/202007/t20200713_6238520.htm.

[33] 西北大学行政管理学教案［EB/OL］.［2014-11-27］. http://jpkc.nwu.edu.cn/xzgl/ja27.htm.